USTED PUEDE ENTRENAR

Cómo ayudar a los Líderes a Edificar Iglesias Saludables Mediante el Entrenamiento

USTED PUEDE ENTRENAR

Cómo ayudar a los Líderes a Edificar Iglesias Saludables Mediante el Entrenamiento

JOEL COMISKEY
SAM SCAGGS
BEN WONG

CCS PUBLISHING
Derechos Reservados por Joel Comiskey 2015

Publicado por CCS Publishing
23890 Brittlebush Circle
Moreno Valley, CA 92557 Estados Unidos de América
1-888-511-9995

Diseño por Sarah Comiskey
Edición por Scott Boren

ISBN: 978-1-935789-80-2

CCS Publishing es la división editorial de libros del Grupo de Joel Comiskey, un ministerio de recursos y entrenamiento dedicada a equipar a los líderes para el ministerio basado en grupos celulares.

Encuéntrenos en Internet en www.joelcomiskeygroup.com

ELOGIOS

Conforme ha ido madurando el movimiento de células de la Iglesia, cada nación en la tierra ha descubierto la necesidad de Entrenamiento del Reino. Aún cuándo muchos escritores seculares han realizado publicaciones en este campo, este libro es para aquéllos de nosotros que hemos sido llamados por Dios para formar cuerpos de Cristo de dos alas.

Es de suma importancia que este libro demuestre nuestra teología de comunidad, crítica para todos los principios de las células. No es trabajo de un solo autor, sino de una comunidad de tres, todos veteranos dentro del movimiento. En efecto, ¡con mucha experiencia! Estimaría que el total de años que estos hombres han invertido en desarrollar grupos celulares ¡es de más de 60! Desde Asia, desde Sudamérica, desde Estados Unidos de América, han llegado ideas creadas por hombres que son prácticos, no teóricos.

Sus capítulos reflejan no sólo principios humanos, sino más bien principios del Reino. Estos hombres se han desempeñado bien en todas las partes de la tierra cuando han dado entrenamiento. Esto es extremadamente importante. Otros tratados en este tema pueden reflejar sólo áreas cognitivas, afectivas y psicomotrices, estos capítulos también incluyen el área dirigida por Cristo.

Lector, en oración cuestione, no solamente, "¿A quién debo entrenar?", sino también pregunta," ¿A quién prepararé para que entrene a otros usando este material?" Necesitamos un rápido desarrollo de entrenadores para nuestra siempre creciente cosecha.

Dr. Ralph W. Neighbour, Jr.,
Profesor Adjunto de los Ministerios Celulares de la Iglesia,
Seminario Teológico Golden Gate

"Aquí tenemos un interesante caso de entrenamiento de tres entrenadores de clase mundial quienes tienen el don de desatar un entrenamiento extraordinario para cualquiera que quiera lo mejor para las personas a las que sirve. Después de más de una década de entrenar a entrenadores alrededor del mundo me emociona grandemente de que este libro esté ahora en sus manos y pronto en su corazón. Simplifica y condensa el poder del proceso de entrenamiento y multiplicará su confianza y competencia como entrenador y líder."

Dr. Joseph Umidi,
Fundador y Presidente de Entrenamiento Líder Formador de
vidas, Www.lifefo HYPERLINK "http://www.lifeformingcoach.
com/"rmingcoach.com

¡El entrenamiento no es sólo para los deportes! Mi entrenador de la preparatoria fue probablemente el maestro más influyente en mi vida, y su capacidad para inspirarnos como estudiantes fue el corazón de la habilidad de nuestra escuela para crear grandiosos equipos. Lo que claramente reluce en esta gran introducción al entrenamiento de Joel Comiskey y su equipo, es que el entrenamiento es de por vida, para la vida de la iglesia y el desarrollo del liderazgo. Jesús es nuestro modelo, y Su pasión por el trabajo con sus discípulos se refleja en este excelente recuento de reconocidos líderes de células de la iglesia. Cada líder de iglesia se beneficiará de las lecciones y ejemplos provistos en este libro.

Tony y Felicity Dale,
autores de El Conejo y El Elefante y reconocidos
pioneros dentro de los movimientos internos
de la Iglesia alrededor del mundo.

"Si usted el tipo de persona que quiere ayudar a otras personas a tener éxito, entonces este libro es para usted. Joel, Sam, y Ben son 3 personas que han descubierto que el entrenamiento tiene un rol primordial en ayudar a las personas a alcanzar su destino en la vida. Tres entrenadores, tres diferentes enfoques, una pasión: Servir a otras personas para lograr su éxito. Aquí tenemos una riqueza de información e ideas personas que te darán las herramientas y el coraje para creer que tú también puedes entrenar a otros hacia su mejor futuro posible."

Michael Mackerell,
Red CCMN Líder y Pastor de la Iglesia Cristiana de Caboolture

Usted Puede Entrenar es una excelente lectura de tres experimentados entrenadores de entrenadores que trata de la motivación intencional de los líderes de las iglesias locales. Sin embargo, los principios presentados aquí contienen valiosas ideas para ser un mentor de una manera general. Las tres perspectivas de los autores propician un sano análisis comparativo. También ilustran que una buena mentoría necesita ser contextualizada y no siempre tiene que verse de la misma manera. Planeo hacer de este libro una lectura primordial para nuestro equipo del ministerio y para aquéllos a quienes entreno.

Bob Moffitt,
Presidente de la Fundación Cosecha y autor de
Si Jesús Fuera una Alcalde.

Alguien ha dicho "La era de los seminarios pronto llegará a su fin, pero la era del entrenamiento ha alcanzado su madurez"

Esta es una lectura obligatoria para cada entrenador, pastor y líder de célula. Está lleno de ideas útiles e ideas prácticas, y también es fácil de leer. Los lectores estarán motivados a entrenar y encontrarán los principios y métodos descritos muy útiles para su entrenamiento.

Tony Chan,
Pastor Co-Fundador de la Iglesia Comunidad de Pastores,
Hong Kong

¡La cima es un lugar solitiario! Cada pastor o lider de mercado necesita alguien que camine con ellos, que sueñe con ellos, que los escuche, que le haga preguntas difíciles, y que comparta su carga. En resumen, este libro le ayudará a empezar. Wong, Comiskey y Scaggs han estando entrenando por años y tienen el deseo de multiplicar los rangos de personas a quienes entrenarán. Únase a su jornada. ¡Usted también puede entrenar!

Darrow L. Miller,
Autor y Co Fundador de la Alianza Naciones Discípulas

Por los últimos 20 años de ministro como misionero, pastor, sembrador de iglesias, emprendedor y mentor he enfocado mi trabajo en Timoteo 2:2: "Lo que me has oído decir en presencia de muchos testigos, encomiéndalo a creyentes dignos de confianza, que a su vez estén capacitados para enseñar a otros." En "Usted Puede Entrenar", Sam, Ben y Joel han reforzado el mandato de que cada uno de nosotros necesita un Pablo y un Timoteo, con los cuáles ir por la vida. Si Dios le está llamando a invertir en las vidas de otros este libro es una lectura obligada. Cada una de sus únicas perspectivas y experiencias de vida trabajan juntas en este libro para ayudar a clarificar qué es un entrenador, cómo es que se aprende mejor de otros, y explorar varios modelos distintos de entrenamiento que pueden ser fácilmente puestos en práctica. Seguramente este oportuno mensaje será utilizado alrededor del mundo para inspirar, equipar y motivar a muchos que están sirviendo en la cosecha del Señor. También en un nivel personal, estoy agradecido por la amistad y sabiduría que Sam, Ben y Joel me han ofrecido a través de los años. Estoy ansioso por utilizar los principios de Usted Puede Entrenar con aquellos líderes que el Señor ponga en mi camino.

Eric Watt es el Sr. Pastor de la Iglesia de Greenbrier, Chesapeake,
VA, Fundador y Presidente de Llegando a Naciones No
Alcanzadas y Fundador y CEO de, mPOWR, LLC.

Por varios años he estado involucrado en entrenar a pastores y líderes y estuve grandemente motivado al leer este libro. Así que recomiendo este libro para las siguientes personas: Aquellos que piensen que entrenar es una tendencia pasajera; aquellos que han intentado todo tipo de seminarios pero que aún se dan cuenta de que están en una batalla solitaria por la célula del ministerio, y especialmente aquellos quienes quieren abocarse a los pastores y líderes que están luchando y ayudar a hacer una diferencia.

Eiichi Hamasaki,
JCMN Coordinador de Redes de Entrenamiento,
Pastor del la Iglesia Bautista Otsu en Japón

"Este libro está lleno de fe en el lector, y cada página desea enviar el mensaje de '¡Usted puede entrenar!' las tres diferentes voces de autoridad siguen la misma línea, y permiten que distintos caminos llegar a la misma meta. Recomiendo ampliamente este oportuno libro."

Øystein Gjerme,
Pastor, Iglesia de Bergen City, Noruega

Como entrenador profesional, he leído muchos libros acerca de entrenamiento con más o menos felicidad y algo estaba faltando, hasta que llegó "Usted Puede Entrenar". Este "Libro de Equipo" es una increíble herramienta para cada Cristiano que sueña tener el poder para alcanzar el siguiente nivel de eficiencia en su vida, relaciones y ministerio. Un "Debe Tenerse". El arte de Entrenar es presentado desde una perspectiva real y auténtica que le permitirá transponer valores centrales del entrenamiento a su propia experiencia. En este libro, encontrará un marco claro y orientado al Reino, presentando principios básicos los cuales la iglesia necesita en el principio de este siglo. Finalmente, obtendrá herramientas concretas que le guiarán en el camino de un estilo de vida en el entrenamiento porque… ¡Usted puede entrenar!

Jean-Marc Terrel,
Emprendedor y Entrenador – Francia

Todos necesitan un entrenador. Estará tan solo y limitado si no tiene uno. Todos pueden ser un entrenador y al entrenar, creces en formas que superan tus expectativas. Este libro es una guía tan poderosa y práctica para entrenar. Los entrenadores que escriben este libro nos solo son eruditos que saben y comparte algunos principios sino que también son prácticos y fructíferos entrenadores que comparten claves bíblicas y funcionales de sus experiencias diarias. Lea este libro y comience a ponerlo en práctica mañana. Si, usted puede entrenar.

Sunny Cheng,
Coordinador, Grupo de Células de la Iglesia de Hong Kong

¡Este es un libro clásico de entrenamiento! Tener a tres contribuidores provee un amplio espectro de ideas y conceptos en este vital tema y remueve el enfoque "una sola talla le queda a todos". La vasta experiencia de los autores queda de manifiesto en un formato fácil de leer, haciendo del entrenamiento exitoso una meta alcanzable para cualquiera y para todos.

Stuart Gramenz,
autor, pastor, y entrenador

Mis amigos Joel Comiskey, Sam Scaggs, y Ben Wong nos han dado un recurso excepcional para avanzar hacia el Reino de Dios. Su nuevo libro, Usted Puede Entrenar: Cómo Ayudar a los Líderes a Edificar Iglesias Saludables Mediante el Entrenamiento, es claramente bíblico, muy práctico, y una refrescante lectura. Si tú estás realmente interesado en crecer como líder Cristiano, este libro es para ti. Recomiendo ampliamente este libro a todo líder Cristiano actual o aspirante a líder que desee hacer que su vida cuente para el Reino de Dios. Gracias, Joel, Sam, y Ben por darnos este excepcional libro. Están viviendo lo que han escrito. Larry Kreider, Autor y Director Internacional de DOVE Internacional El Reino de Dios describe el crecimiento saludable típicamente en tres etapas, como en tallo, cabeza, semilla o infante, hombre, padre. Para apoyar a las personas en el crecimiento del

Reino, todos necesitan crianza espiritual – y luego seguir adelante criando a otros. Joel, Sam y Ben han agrupado sus largos años de experiencia en entrenamiento y han creado una introducción muy útil y motivadora al arte de crear un lugar seguro para las personas – ¡y para iglesias enteras! – para ser entrenadas y por tanto prácticamente ser lanzados hacia su destino en el Reino.

Wolfgang Simson,
autor de "El Manifiesto Estrella de Mar"

Basado en Experiencias, práctico y técnico, todo en uno. Una obra maestra en todo su derecho, este libro trae luz al tema del entrenamiento, convenciendo al lector de embarcarse en este maravilloso viaje de ayudar a madurar y crecer en el Cuerpo de Cristo. ¡Puede Hacerlo! ¡Sólo hágalo!
Recomiendo ampliamente que lo lea y lo ponga en práctica.

Robert Michael Lay,
Fundador y Presidente de Ministerios de Células de la Iglesia en
Brasil (este ministerio entrena a miles de pastores in Sudamérica)

Respecto a mi jornada en la fe, no pude recordar si hubo un entrenador específico que alguna vez me ayudara en mi andar Cristiano hasta que conocí a Ben Wong, El pastor de la Comunidad de Pastores Iglesia de Gracia en Hong Kong. El invirtió mucho tiempo en mí, mayormente en entrenamiento personal, muy cercano. Y el contenido de este entrenamiento puede sorprenderte – frecuentemente comiendo juntos, bromeando, y divirtiéndonos juntos. Hablábamos de nuestra familia, y compartía muchos de sus pensamientos y sentimientos acerca de ministrar. Por supuesto, también se preocupaba de mis ministerios. Con frecuencia conversábamos hasta tarde en la noche antes de ir a dormir. Frecuentemente tomaba la iniciativa para acercarse a la gente, y me conmovió su actitud sincera, lo cual me hizo sentir que era aceptado y altamente valorado.

El me ha ayudado con su fuerza y nunca ha rechazado mis peticiones. Ha dado lo mejor de sí para satisfacer mis necesidades. Durante unos cuantos años atrás el vino a Taiwán varias docenas de veces para ayudarnos. El ha tenido un impacto significativo en la iglesia donde yo sirvo tanto como a mí mismo. El ha ampliado mis perspectivas hacia el Reino de Dios y la visión bíblica mundial, y me ha influenciado profundamente al hacer redes de Iglesias, misiones, y en algunas otras perspectivas y asuntos importantes así como también los ministerios holísticos. Lo que él ha hecho en la Comunidad de Pastores Iglesia de Gracia en Hong Kong, CCN Hong Kong y las iglesias de Japón, demuestra consistentemente sus perspectivas de la iglesia, las cuales tomó de la Santa Biblia. A través de las experiencias que aprendí de su ayuda y entrenamiento personal, trato de aplicarlas a mi iglesia y a los ministerios de la Alianza Estratégica Taichung.

Su actitud sincera hacia mi familia y miembros de mi familia también influyó profundamente en mí. Como resultado, en estos años, mi matrimonio y relaciones con mis dos hijas han mejorado mucho más.

Debido a que he sido grandemente beneficiado con un entrenador personal, deseo que usted también tenga la oportunidad de recibir los beneficios del entrenamiento, y pueda convertirse también en un entrenador.

El libro "Usted Puede Entrenar" el cual recomiendo ampliamente, es un manual práctico, el cual nos puede ayudar a llegar a ser un entrenador más eficaz. La iglesia del futuro necesita muchos entrenadores que estén dispuestos a ser padres espirituales de otras personas. Creo que este libro puede ayudarle en este propósito.

Timothy Tu,
Pastor Senior de la Iglesia Taichung Grace

TABLA DE CONTENIDO

RECONOCIMIENTOS

En el largo proceso de hacer de este libro una realidad, muchas manos y ojos han manejado y contribuido al el trabajo final. Muchas personas merecen reconocimiento especial.

Bill Joukhadar pasó una enorme cantidad de tiempo como voluntario corrigiendo la gramática en el borrador inicial. Sus diligentes esfuerzos hicieron que este libro fuera mucho más claro y fácil de leer.

Gracias especiales a Linda Johnson, maestra de inglés, quien ofreció de manera voluntaria sus conocimientos para señalar los errores y ayudar que el flujo de trabajo final fuera mucho mejor. Estamos agradecidos con Brian McLemore, Vicepresidente de Traducciones del Centro Mundial de Traducciones Bíblicas (www.wbtc.org), quien hizo la crítica de este libro y el resultado es un libro mejor.

Agradecemos la sabiduría, sentido común y consejos de Jay Stanwood en como reformular frases oscuras. Jay nos ayudó a reescribir enunciados y a repensar conceptos difíciles. Rae Holt se tomó tiempo para leer el manuscrito, señalar frases difíciles y ofrecer importante aliento.

Rob Campbell , Steve Cordle, y Jeff Tunnell ofrecieron consejos oportunos para hacer que el manuscrito original fuera mucho mejor. Realmente agradecemos el tiempo que se tomaron para revisar este libro.

Estamos agradecidos por el talento de Susan Osborn al hacer la copia de edición de la edición final de este libro. Scott Boren, nuestro Editor en Jefe, continúa haciendo una increíble labor de edición.

INTRODUCCIÓN

John Wooden murió el 4 de junio de 2010. Sus diez campeonatos en la UCLA (Universidad de California en Los Ángeles) en un periodo de 12 años, no fueron igualados por ningún otro entrenador de basquetbol. Él también llevó a la UCLA a ochenta y ocho victorias consecutivas y siete campeonatos nacionales seguidos. Ningún otro entrenador ha igualado tal hazaña.

¿Cómo se convirtió John Wooden en tan grandioso entrenador? Por un lado, Wooden vivía la vida que el esperaba que otros siguieran. Wooden mismo fue un gran jugador de basquetbol y fue incluido en el Salón de la Fama como jugador. Los principios que el aplicaba a su propia vida eran usados después en su entrenamiento. El practicaba lo que predicaba, y otros eran inspirados a seguirlo.

John Wooden entrenó a jugadores para llegar a ser mejores personas dentro y fuera de la cancha, lo cual se traducía en mejores jugadores de basquetbol. Wooden desarrollaba el carácter total de cada jugador para tener éxito en el deporte y en la vida. Impartía lecciones de vida mucho más duraderas que una jugada ofensiva o como hacer un tiro de gancho. Después de retirarse del basquetbol, organizaciones empresariales le pidieron a Wooden que diese conferencias y compartiera sus principios atemporales, y él con gusto lo hizo.

Wooden desarrolló expresiones concisas para desarrollar el carácter, tales como:
• "Lo que eres como persona es mucho más importante que lo que eres como jugador de basquetbol."
• "No puedes vivir un día perfecto sin hacer algo por alguien que nunca podrá pagarte de vuelta."
• "El éxito nunca es definitivo; el fracaso nunca es fatal. Lo que importa es la valentía."

Hemos titulado este libro Usted Puede Entrenar porque creemos que entrenar es más acerca de transmitir principios de vida probados, más que de técnicas formales. Aquel que tiene corazón de entrenador cree en las personas y en sus sueños de vivir la vida que deben vivir. Un entrenador valora las relaciones uno a uno y acompaña al individuo para ayudarlo o ayudarla a liberar su potencial y hacer a la persona responsable de lograr sus sueños.

Hoy en día estamos inundados con libros y seminarios (información), pero muchos pastores no están equipados para aplicar ese conocimiento. Necesitan un entrenador. Necesitan alguien que los escuchará, motivará, y retará a dar el siguiente paso.... Alguien que será modelo de verdadero liderazgo para ellos.

UN TRÍO DE ENTRENADORES

En la Reunión del año 2008 de la Red de Misiones de Células de la Iglesia en Hong Kong, Ben Wong les pidió a varios entrenadores que compartieran el por qué el entrenamiento es tan importante para ellos. Escuchamos a entrenadores de Japón, Corea, Hong Kong, Taiwán y Norte América hablar acerca de sus redes de entrenamiento. Nos dividimos en sub grupos para hablar acerca del entrenamiento y cómo implementarlo.

Después. Ben Wong les pidió a aquellos que estuvieran interesados en entrenar que se reunieran con él en California en Junio de 2009. Varios se reunieron, y tres de los que asistieron se unieron para escribir el libro que ahora tienes en tus manos. Queríamos que fuera un libro de entrenamiento, escrito por quienes están practicando el entrenamiento.

También queríamos escribir un libro desde una perspectiva de entrenamiento global, así que en este libro aprenderás acerca del entrenamiento como es practicado en varias partes del mundo incluyendo China, Japón, Taiwán, y Norte América.

Joel Comiskey está ahora en su décimo año de entrenar a pastores desde que se conectó con esos primeros pastores en el año 2001. La mayor parte de su aprendizaje fue obtenido estando en la batalla. Sus tres capítulos en este libro son el fruto de lo que él ha aprendido mientras entrena, reflexa, adapta, y luego continúa el proceso. Ha escrito dos libros de entrenamiento: Cómo ser un Gran Entrenador de Grupos Celulares (Touch 2004) y Entrene (CCC Publishing, 2008). Joel es fundador del Grupo Joel Comiskey, un ministerio dedicado a brindar recursos al movimiento mundial de células de la iglesia, y Joel también enseña como profesor adjunto en varios seminarios teológicos. Joel y su esposa, Celyce, tienen tres hijas y viven en Moreno Valley, California.

Sammy Ray Scaggs es un pastor, maestro, autor y misionero. Ha sembrado iglesias en su país natal, los Estados Unidos de América, así como también en Italia y Albania. Tiene corazón para el ministerio intercultural e internacional. Ha escrito un nuevo libro llamado El Tejedor de Sueños (Xulon Press) Sam es una parte integral de una red mundial de entrenamiento llamada Entrenamiento de Liderazgo Transformacional, fungiendo como Vicepresidente y Director Internacional. El contenido de sus dos capítulos en este libro, Usted Puede Entrenar, tiene sus raíces en su entrenamiento práctico de primera mano y su experiencia en entrenamiento global. Sam Scaggs siempre ha estado apasionado con el entrenamiento. Ha estado entrenando pastores y líderes por más de veinte años. Es también el cofundador de una organización llamada Entrenamiento Financiero Formador de Equidad, el cual combina los conocimientos de conocidos principios bíblicos financieros con el poder del entrenamiento. Sam reside en Virginia con su esposa con la que ha estado por treinta y cuatro años, y tienen dos hijas casadas y dos nietos.

Ben Wong ha estado entrenando pastores y líderes por quince años. Ha escrito dos capítulos en este libro, y usted descubrirá que Ben piensa que cualquiera puede ser un entrenador eficaz. Ha escrito también el libro Haciendo una Diferencia Permanente: Invirtiendo tu Vida en Otros (Touch Limited Internacional). Ben ha sido un instrumento en el inicio de un movimiento de entrenamiento en Asia y Sudamérica. Ben tiene corazón de entrenador, y es evidente desde la primera vez que te sientas a hablar con él. El ha experimentado los triunfos y dificultades del ministerio y está listo a escuchar a las personas y sus preguntas. Ben tiene la habilidad de discernir qué es lo que hay en el corazón de un líder y darles entrenamiento para llevarlos a niveles más altos. Ha estado entrenando líderes de muchas partes del mundo y ha sido útil al Señor no sólo al sembrar una próspera célula de la iglesia en Hong Kong, sino también al lanzar la Red de Misiones de Células de la Iglesia con cientos de líderes formando redes juntos para fortalecer las iglesias nacionales y trabajando juntos para sembrar iglesias entre algunas de las personas a las que menos se les puede alcanzar en el planeta. Cynthia, la esposa de Ben, lo ayuda a entrenar y tienen tres hijos ya crecidos.

DIFERENCIAS EN NUESTRAS ESTRATEGIAS DE ENTRENAMIENTO

Aunque como autores / entrenadores estamos de acuerdo en la mayoría de los puntos, también podrá notar algunas claras diferencias.

Sam Scaggs, por ejemplo, piensa que los entrenadores no deben empezar dando consejos, enseñando u ofreciendo asesoramiento al iniciar una relación de entrenamiento. Aún cuando está de acuerdo en que esas "herramientas" siempre son necesarias, su estilo es comenzar haciendo preguntas clave. Uno de los roles del entrenador, de acuerdo con Sam, es lograr sacar el sueño otorgado por Dios que está dentro de aquel que está siendo entrenado a través del proceso de hacer preguntas poderosas, después entonces pasar a la enseñanza, entrenamiento, recursos, y otras herramientas conforme se va desarrollando la relación de entrenamiento.

Joel Comiskey, por otra parte, escribe acerca de usar todo lo que hay en la caja de herramientas, incluyendo escuchar, hacer preguntas poderosas, aconsejar y enseñar, si le es de utilidad al entrenado (Un término utilizado a lo largo de todo este libro para referirse a aquel que está siendo entrenado) y hacerlo un mejor líder.

También notará que algunos de nosotros solicitamos una cuota por entrenar, mientras que otros no lo hacen. Ambas formas son aceptables. Ben Wong ve el entrenamiento como un ministerio voluntario. Ben recibe apoyo financiero de la iglesia que él fundó la Iglesia Comunidad del Pastor en Hong Kong. Por tanto, cuando el viaja alrededor del mundo para entrenar a pastores e iniciar movimientos de entrenamiento, el lo hace de forma voluntaria. El espera que aquellos que están en su red también entrenen a otros sin cobrar. Por otra parte Sam Scaggs y Joel Comiskey ambos cobran una cuota por entrenar. Sam hace el 50% de su entrenamiento como voluntario con pastores y cobra una cuota para entrenar a ejecutivos en el mundo de los negocios. Para ambos Sam y Joel, entrenar es el medio con el cual mantienen a sus familias.

Aún cuando tanto Sam como Joel participan en una cantidad limitada de entrenamiento gratuito, su deseo es llegar al punto en el que todo entrenamiento pueda lograrse sin solicitar compensación.

Por favor, tenga estas diferencias en mente al leer los diferentes capítulos de este libro.

Un aspecto único de este libro es la idea de que las iglesias pueden también entrenar a otras iglesias. Una iglesia entera podría sentir una carga por ayudar a otra iglesia y luego usar los principios que se encuentran en este libro para entrenar a esa iglesia.

APRENDIENDO A ENTRENAR

En este libro, aprenderá a convertirse en un entrenador eficaz al comprender:

- Porque el entrenamiento es tan importante
- Los principios del entrenamiento que se aplican en cada cultura
- Como soñar por tu entrenado
- Como utilizar todas las herramientas en su caja de herramientas
- Cómo hacer un plan de entrenamiento
- Como evaluar su entrenamiento

Nosotros no creemos que el entrenamiento deba dejarse solamente en manos de profesionales. Usted no necesita un nivel de educación alto para entrenar a alguien más. Cuando más se aprende es cuando lo lleva a cabo, reflejándose en su entrenamiento, y evaluando luego que es lo que funciona. Entrenar es más "captar" que enseñar.

Es nuestra pasión que cada pastor y líder que lea este libro sea motivado a abrazar el corazón de un entrenador y ayude a liberar los sueños y el potencial de aquellos a quieres Dios ha colocado en su esfera de influencia. Recuerda, Usted Puede Entrenar. Tome ese paso de fe para convertirse en instrumento de Dios para agregar valor a la vida de alguien con simplemente estar en la disposición de a servir a esa persona. Nuestra esperanza es que ambos de ustedes estarán inspirados y con recursos para continuar su propio ministerio de entrenamiento en los años venideros.

Capítulo 1

TODOS NECESITAN UN ENTRENADOR,
por Ben Wong

Yo tengo un sueño — "¡Un mundo donde no hay pastores solitarios!"

Siempre he sido del tipo de persona activa. Fui el más joven de ocho, y todos mis hermanos fueron sobresalientes en la escuela. Yo, por otra parte, no lo fui. En la cultura China, esto quiere decir que yo era "mal portado". En vez de eso, me encantaba montar bicicleta y hacer deporte.

Mi deporte favorito era el bádminton, puesto que crecí en Indonesia y el bádminton era el deporte nacional. Ahí "Todos" simplemente saben cómo jugar bádminton. Nadie me enseñó a jugar, simplemente lo aprendí. Yo era muy bueno, pero no tuve ninguna guía que me hiciera ser mejor.

Cuando tenía catorce años, regresé a Hong Kong .[1] En mi escuela preparatoria me probé para el equipo de bádminton y logre quedar. Por primera vez en mi vida, tenía un entrenador, una persona que consistentemente me ayudaba a mejorar. Tres veces a la semana practicábamos después de clases, y el entrenador pasaba tiempo entrenándonos. Estaba usando el poder de mi brazo y mi codo, pero el poder realmente debía venir de la muñeca. Mi entrenador me enseñó a extender mis manos en el aire y golpear la pluma usando sólo mi muñeca. También aprendí a usar mis pies dando largas zancadas.

_____

[1] Hubo una severa persecución de Chinos en Indonesia en esa época, y mis padres enviaron a todos los niños fuera del país. Nos dispersamos por todo el mundo – Australia, Taiwan y Estados Unidos de América – pero yo decidí regresar a Hong Kong.

Tener un entrenador de bádminton cambió completamente mi juego, y me volví un jugador mucho mejor. Comencé a ganar en las competencias y me convertí en un jugador clave para mi escuela.

¡Cuánta diferencia puede hacer un entrenador!

Después de la graduación, continúe jugando bádminton. Me uní a un club donde había un entrenado y continúe mejorando. ¡Incluso pagué para tener un entrenador! Así de valioso era un entrenador para mí.

ENTRENAR EN LA VIDA

Debido a que mi madre fue una Cristiana muy dedicada, he estado yendo a la iglesia desde que era un niño. Ir a la iglesia se convirtió en una rutina regular en mi vida. Cuando regresé a Hong Kong, asistía a la iglesia a la que iba mi hermana y a la asociación juvenil. Mi hermana estaba en el coro, así que también me uní al coro. Practicábamos cada domingo después del Servicio, y cantábamos en el coro los domingos.

Ser Cristiano era asistir a todas estas actividades. Algunas de estas actividades eran divertidas, pero la gran mayoría eran aburridas. Conocer nuevas chicas era uno de los mayores atractivos para mí.

Cuando tenía 16 años, mis padres me enviaron a Australia[2] aun asistía a la iglesia porque era lo que mi madre quería que yo hiciera. En otras palabras, ser Cristiano no era "mi" elección. Era la elección de mi madre. Debido a esto, no me consideraba a mi mismo un Cristiano.

---

[2] A principios de 1966, ocurrió la Revolución Cultural en China, y la vida fue muy dura para muchas personas en China. Hong Kong también fue afectado y hubo disturbios en las calles. Mis padres estaban angustiados, así que me enviaron a Hong Kong.

En 1970, durante mi primer año de universidad, tomé la decisión personal de recibir a Cristo.

Poco después de convertirme en Cristiano, me uní a una organización llamada los Navegantes, y ellos comenzaron a ayudarme a crecer en mi vida Cristiana. Un compañero navegante llamado Doug se convirtió en mi entrenador y me ayudó a seguir a Jesús. Se reunió conmigo cada semana por tres años, y en el año final, me alojé en su casa.

¡Qué diferencia hizo tener un entrenador como Doug! Cuando alguien me entrenaba en bádminton, me convertía en jugador de bádminton mucho mejor. Ahora tenía a alguien entrenándome en la vida Cristiana, y mi vida fue transformada.

Doug me ayudó en todas las áreas de mi vida. Yo era una persona tímida que no sabía cómo desarrollar relaciones con otros. Doug me ayudó a desarrollar mi carácter. Mi fe se fortaleció, y se cimentaron bases que han perdurado hasta hoy.

Cuando guiaba a alguien hacia Cristo, Doug me entrenaba para hacer discípulo al nuevo converso. Yo entonces repetía el proceso en las personas a las que hacía discípulos. (p.ej. ayudarlos a hacer discípulos a sus nuevos conversos). Esta es la forma en la que Jesús lo hizo. El eligió a doce discípulos y los entrenó para hacer discípulos a otros. Esta es la vida Cristiana normal.

ENTRENANDO A DISCÍPULOS

Muchos de los que hice discípulos en Australia eran malayos. Habían venido a Australia a estudiar y después de esto regresaban a Malasia.

Recientemente, decidí visitar a algunos de ellos, así que volé a Malasia. ¡Fue una gran alegría verlos! No había estado con muchos de ellos por treinta años. Estuve fascinado al descubrir que casi todos ellos estaban viviendo vidas Cristianas sólidas, productivas. Muchos de ellos tenían puestos clave en sus iglesias y ministerios.

Después de treinta años, puedo sinceramente decir, "entrenar a las personas realmente funciona". Marca una diferencia permanente en las vidas de las personas.

Sin embargo, pocos Cristianos han recibido entrenamiento. Incluso el pastor de mi iglesia en Australia nunca había sido entrenado personalmente. No tenía nadie a quien acudir cuando enfrentaba conflictos o necesitaba apoyo.

ENTRENANDO COMO PASTOR

En 1979 asistí a un seminario y una vez más estuve consternado de descubrir que la mayoría de los estudiantes nunca habían sido entrenados. La mayoría de ellos luchaban solos en sus vidas Cristianas.

El seminario al que asistí no estaba diseñado para entrenar a estudiantes. Si, un estudiante podía llamar a un consejero cuando estuviera enfrentando problemas, pero la mayoría de ellos no tenía un mentor o entrenador fijo. Luego descubrí que la mayoría de los profesores del seminario nunca habían sido entrenados. Ni tampoco tenían deseos de entrenar a otros, o incluso haber aprendido como hacerlo.

Lo bueno fue que yo sabía cómo entrenar a los miembros de mi iglesia para ayudarlos a desarrollar el interés por Cristo en la vida de otros. Mirando atrás, este fue el punto clave del éxito en mi primer Pastorado. La iglesia creció más de 500% en los años que estuve ahí.

Después de seis años en esta iglesia, me sentí llamado a ser pionero de una nueva iglesia con otras cuatro personas.

Decidimos implementar ser mentores uno-a-uno para todos nuestros miembros. Cada uno sería entrenado por alguien a la vez buscando entrenar a otros.

Nos sentimos llamados desde el principio a enfocarnos en llegar a la gente común de Hong Kong, puesto que la mayoría de las personas en Hong Kong son de clase baja con muy pocas iglesias entre ellos. Queríamos tener una iglesia integrada, justo como la sociedad misma. Puesto que el 70% de las personas en Hong Kong son de clase baja, queríamos tener esa misma variedad.

Nuestra meta era ganarnos proactivamente a las personas normales, y luego darles entrenamiento para que se convirtieran en personas extraordinarias.

Hoy podemos decir que esto lo hemos hecho bien. La mayoría de los líderes en nuestra iglesia son personas normales que hemos entrenado. La mayoría de los misioneros a largo plazo que hemos enviado fuera (en número son cerca de cincuenta ahora) son las mismas personas normales que hemos entrenado y hemos visto transformarse.

Jo es un ejemplo del poder transformador del entrenamiento.[3] Ella era muy joven y ruda cuando la conocimos. Perdió a su madre cuando tenía tan sólo un año de edad, y su padre era un adicto las drogas. Muchas personas, otras que no eran su familia, la crecieron. Su ira era tan explosiva que incluso los chicos le temían.

---

[3] Este no es su nombre real. Las historias han sido cambiadas para que persona real sea representada pero que no sea reconocida.

Cuando Jo vino hacia Jesús, cambió bastante, pero aún tenía aspectos ásperos en su carácter. Nos tomamos el tiempo de invertir en su vida, e incluso se alojó en nuestro hogar por dos años. Dios hizo maravillas en su vida.

Se convirtió en uno de los líderes principales en nuestra iglesia, y la enviamos a una nación difícil como misionera (uno de esos lugares donde la vida es dura, y el ministerio es aún más difícil) la ciudad donde vive ahora fue elegida como la segunda peor ciudad para vivir. Actualmente, Jo es una muy eficaz madre de cuatro niños, y todos estamos orgullosos de ella. Tenemos a muchos como Jo en nuestra iglesia. Entrenar es efectivo y como resultado las vidas de las personas son dramáticamente cambiadas.

LOS PASTORES NECESITAN ENTRENAMIENTO

Conforme la iglesia comenzó a crecer, formamos redes con otros pastores de iglesias. Conocí a estos pastores y descubrí que la mayoría de ellos estaban luchando. Cada uno era un "show de una sola persona", y comencé a darme cuenta de la mayoría de los pastores eran personas que se sentían solas.

Aun cuando hay algunas iglesias grandes en el mundo, más del 80% de todas las iglesias tienen menos de 100 miembros. Tristemente, se pone la atención en las iglesias más grandes y más exitosas, y las pequeñas se sienten fracasadas. La mayoría de los pastores de iglesias pequeñas son personas fieles, pero sin importar cuánto intenten, les resulta difícil romper la barrera de los 100. Muchos de ellos se sienten dolidos porque sienten que han fracasado.

Hace cuatro años, Catherine, una de los pastores de mi iglesia, conoció a otra mujer pastora, Anna, quien había servido fielmente a Dios por más de veinte años. Sin embargo, cuando Catherine la conoció, Anna estaba en depresión. Todos los días tenía dolores de cabeza. Estaba infeliz, bajo mucha presión, sintiéndose incapaz, y sin salida de esta trampa llamada pastoreo.

Fue enviada desde la iglesia matriz diez años atrás para empezar una nueva planta de iglesia con un grupo de miembros. En los primeros años, las cosas fueron bien y ocurrió un buen crecimiento. Luego hubieron desanimo y conflictos. Los miembro se fueron, la asistencia disminuyó, y Anna comenzó a sentir mucha presión.

La situación empeoró cuando la iglesia matriz exigió mejoras. Le dieron a la iglesia sólo doce meses para mejorar o de lo contrario ser cerrada.

Cuando Catherine conoció a Anna era una mujer quebrada (aún cuando ella había servido a Dios por más de veinte años). Catherine se quejaba, "¿Cómo puede la iglesia de Jesús permitir que esto suceda?

Catherine tomó una simple decisión: "Caminaré de lado de Anna y haré todo lo posible para ayudarla". Catherine no era un entrenador con entrenamiento pero tuvo el corazón para llegar a ella y ofrecer su amistad a Anna.

"¿Por qué los pastores que son los mejores no pueden extender la mano a aquellos que están en conflicto y darles entrenamientos?" me pregunté a mi mismo. "Puesto que estamos entrenando personas en nuestra propia iglesia, ¿por qué no ayudar a otros pastores que están luchando con conflictos?"

Entrenar no puede ser relegado únicamente a los pastores experimentados (de cualquier forma, la mayoría de ellos están demasiado ocupados para ayudar a otros). Queríamos construir un movimiento donde las iglesias les importaran otras iglesias y llegaran hasta ellas, sin importar el tamaño de la iglesia.

Hay varios seminarios y cursos en variados temas para ayudar a los pastores y las iglesias, pero en mi experiencia, realmente no ayudan a los pastores.

He descubierto que los pastores que pueden cambiar al escuchar un seminario de hecho no necesitan los seminarios para aprender y hacer las cosas bien. Lo opuesto es también verdad. Los pastores que de hecho necesitan los seminarios se les hará muy difícil cambiar por escuchar un seminario. Estos pastores necesitan personas-entrenadores que vayan a su lado para ser sus amigos. Necesitan alguien que pueda ser una inspiración y ejemplo para ellos.

Dios comenzó a poner una carga en mi corazón para entrenar a otros pastores, pero yo no sabía cómo. Sabía cómo entrenar otros Cristianos pero no pastores. No había visto que se hicera antes, pero me di cuenta que tenía que hacerse.[4] Así que desde 1994, comencé mi jornada para descubrir cómo entrenar a pastores.

Entrenar a otros pastores se ha convertido en un sueño y una pasión para mí. Mi sueño es que cada pastor tuviera un entrenador, y luego eventualmente, se convirtiera en un entrenador.

EDIFICANDO UNA IGLESIA EJEMPLAR

Empezamos nuestra iglesia a finales de 1987 con siete adultos y tres niños. No teníamos apoyo, ni entrenador, ni un lugar físico para reunirnos. Teníamos la voluntad de aprender de cualquiera que tuviese la voluntad de enseñarnos. Aun cuando éramos mínimos, ayudamos a otros patrocinando seminarios y entrenamientos.

---

[4] Subsecuentemente he descubierto que hay algunas personas que están entrenando a otras y enseñando a entrenar a otros. Bob Logan y el Equipo CurchSmart han desarrollado buenos materiales en este tema.

En 1989, Dios me habló claramente: "Primero construye una iglesia ejemplar" me di cuenta de que había muchas teorías, seminarios, y enseñanzas, pero muy pocos ejemplos funcionales. Sentí que las personas necesitaban ver un modelo práctico en función.

Escuché la voz de Dios y trabajé duro para construir una iglesia modelo, una que confiara totalmente en Dios y estuviera fundada en personas más que en programas. Nos enfocamos en hacer discípulos y convertirnos en una iglesia misionera.

Jesús dijo, "La cosecha es abundante pero los labriegos son pocos." El enfoque debe ponerse en aumentar los labriegos para la cosecha. El problema no es la cosecha sino la falta de labriegos. Decidimos concentrarnos en aumentar las personas.

En esos años aprendimos un principio importante: Ser un modelo seguir es muy importante en el entrenamiento. Al entrenar a las personas, somos modelo a seguir con nuestras propias vidas. Cuando entrenamos iglesias, somos modelos a seguir con nuestros ministros. Recuerda: ¡Al entrenar es mejor captar que enseñar!

Mi Iglesia es Tu Iglesia

En 1994, tuvimos luz verde por parte de Dios de que era tiempo de empezar ayudar a otras iglesias. Reunimos una red de iglesias que deseaban compartir información libremente para ayudar a otros. Siete pastores se convirtieron en el comité dirigente de esta red. Teníamos solo un requisito para estar en el comité: servir a otros sin ningún tipo de condiciones.

Nuestro lema era: "Mi iglesia es tu iglesia y tu iglesia es mi iglesia- hay una sola iglesia y esa es la iglesia de Jesucristo".

Nos dimos cuenta de que una sola iglesia no podría llegar a toda la ciudad. Cuando todas las iglesias fueran fuertes y prósperas, entonces podríamos tener impacto en la ciudad. La red existe para ver que esto suceda.

Los pastores con frecuencia hablan de unidad en un nivel general, pero aprendimos que unidad en una forma práctica es priorizar el interés de las otras iglesias tanto como lo hacemos con la nuestra. Nos dimos cuenta de que necesitamos ayudar a otras iglesias simplemente porque forman parte de la iglesia de Jesucristo. Cuando consideramos a la otra iglesia tan importante como la nuestra, llegaremos hasta ella y ayudaremos sin condiciones, porque la iglesia es la iglesia de Jesucristo.

Nuestra experiencia, sin embargo, es que la mayoría de los pastores vienen a la red para obtener algo para sus propias iglesias. Vienen con la motivación de ganar algo. Cuando la red no tiene nada nuevo que ofrecerles, dejan de venir. Nos encontramos con que si queríamos que regresaran, necesitábamos proveerles nuevo material o información para ellos.

De hecho, no muchas iglesias captan el carácter distintivo de contribuir con la iglesia de alguien más. Crear redes por el bien de otros no es una idea que sea popular para la mayoría de los pastores. Esto es cierto no solamente en Hong Kong sino también en el resto del mundo.

Lo emocionante es que después de quince años de dar a otras iglesias de forma constante, el valor de "tu iglesia es mi iglesia" está comenzando a formar raíces, y ahora más iglesias están dispuestas a contribuir.

Si sigues plantando, eventualmente cosecharás.

Mi Jornada al Entrenar Otros Pastores

El comité de la red se reunía mensualmente para planear conferencias, entrenamientos, y seminarios. Desarrollamos campos para pastores y ofrecimos entrenamiento para asuntos muy prácticos de las iglesias. Invitamos a organizaciones muy específicas a venir y ayudar a construir la red de iglesias.

Creo que esos eventos de entrenamiento ayudaron mucho, pero me he dado cuenta de que entrenar es incluso más efectivo en producir resultados a largo plazo. Entrenar nos permite caminar juntos con los pastores de manera individual más que simplemente señalar el camino.

Comencé a pasar más tiempo con los pastores que estaban dispuestos a permitirme entrenarlos. Mediante pasar tiempo con ellos y sus iglesias, cada uno de ellos experimentó cambios significativos. Esto fue muy alentador. Nunca antes había entrenado pastores y nunca había recibido entrenamiento específico en cómo entrenar. Aún así, estaba dispuesto a llegar a ellos y ayudarlos de cualquier forma posible. Me sentí satisfecho de que el Señor a través de mí estuviera marcando una diferencia significativa en sus vidas y en la vida de sus iglesias.

Entonces Dios me mostró que necesitaba empezar un grupo de apoyo de entrenamiento para pastores.

Entrenando Grupos

Reuní unos cuantos pastores Sénior en un grupo de apoyo de entrenamiento .les dije que no nos reuniríamos por más de tres años ya que yo quería verlos multiplicarse más que tenerme siempre a mí para guiarlos. Decidimos que nos reuniríamos cada dos semanas para apoyarnos y ser mentores unos de otros.

En los momentos del grupo compartíamos nuestras vidas y conflictos. Compartimos mucho acerca de nuestros matrimonios y la necesidad de llegar a ser mejores esposos y padres. Nos dimos cuenta de que puesto que la familia es la base del ministerio, primero teníamos que tener éxito en el hogar. Compartimos acerca de nuestras vidas personales, nuestro andar con Dios, y como seguir creciendo.

Con frecuencia tratábamos de motivarnos unos a otros a repensar nuestros puntos de vista tradicionales de la iglesia, para que pudiéramos seguir innovando.

Traté de ayudarlos a edificar los hábitos de evaluar y examinar todo en sus vidas. Yo creo que la habilidad de auto examinarse y permitir a Dios que hable a nuestras vidas es una parte muy importante del crecimiento como pastor. Necesitamos evaluar lo que escuchamos y leemos con base en a la Palabra de Dios.

Pase tiempo individualmente con algunos de estos pastores y tuve la oportunidad de visitar sus iglesias. Descubrí que alguien de fuera puede con frecuencia hablar más enérgicamente que alguien que ha estado dentro de la iglesia por muchos años. Mi mayor deseo era ayudarlos a alcanzar sus sueños otorgados por Dios.

Y lo que es más, nos divertimos juntos. Establecimos fuertes lazos y amistades, lo cual ha perdurado hasta el tiempo presente.

En el proceso de estar juntos por tres años, no hemos ayudado unos a otros a crecer. Dios nos transformó conforme pasábamos tiempo juntos.

Una de las principales lecciones que aprendí es que "Todos pueden beneficiarse de una relación de entrenamiento".

Todos necesitamos un entrenador. Nuestras vidas cambian cuando alguien viene a nuestro lado para ayudarnos.

¡Necesitamos Más Entrenadores!

Necesitamos un movimiento de entrenamiento. Creo, de hecho, que cada pastor debería tener a alguien que llegue hasta él para ayudarlo/ayudarla y camine a su lado. Necesitamos ver este movimiento multiplicarse conforme más pastores capten la visión de entrenar a otros.

Los siguientes datos provienen de pastores en los Estados Unidos de América, pero en realidad, representan a la mayoría de los países del mundo. (Julio 2009).[5]

Familia del Pastor
• 80% piensa que el ministerio pastoral ha afectado negativamente a sus familias. • 33% declara que estar en el ministerio es un abierto peligro para su familia.
La lucha con la Falta de Habilidad
• 90% de los pastores sienten que están entrenados inadecuadamente para hacer frente a lo que les demanda el ministerio. • 80% de los pastores y el 84% de sus esposas se sienten no calificados y desanimados en el rol de pastores. • 90% de los pastores dijeron que el ministerio era completamente diferente de como ellos pensaron que sería antes de entrar al ministerio. • 50% se sienten incapaces de satisfacer las demandas del trabajo

---

[5] Pastoral Care, Inc, 2009.

La lucha con la soledad, el desánimo y la depresión

- 70% de los pastores luchan contra la depresión constantemente.
- 70% dicen que tienen una menor imagen propia ahora que cuando empezaron a pastorear.
- 70% de los pastores no tienen alguien a quien consideren un amigo cercano
- 80% de las esposas de los pastores se sienten enajenadas y menospreciadas por los miembros de la iglesia.
- 50% de los pastores se sienten tan desanimados que dejarían el ministerio si pudieran pero no tienen otra forma de ganarse la vida.
- 80% de las esposas de los pastores desean que su esposo eligiera una profesión distinta.
- Más de 1,700 pastores dejaron el ministerio cada mes el año pasado.

Estas estadísticas son alarmantes puesto que nos muestran claramente que los pastores necesitan un entrenador. Imagina si los pastores pudieran acudir a alguien por ayuda.

Alguien con un oído para escuchar que haya caminado el mismo camino y que entiende conflictos similares.
- Alguien que esté dispuesto a compartir su experiencia y a ser un amigo.
- Alguien que esté dispuesto a ser un hermano o hermana mayor.
- Alguien que pueda ser un ejemplo de cómo ser un pastor.
- La mayoría de los pastores se lanzarían a la oportunidad de ser entrenado por alguien. El hecho es este: ¡los pastores necesitan un entrenador! "No más pastores solitarios".

Vaya, ¡eso sería un maravilloso sueño hecho realidad!

Yo tengo un sueño: "¡Un mundo donde no hay pastores que sienten solos!"

Capítulo 2

ENTRENAMIENTO CON BASE EN SUEÑOS,
por Sammy Ray Scaggs

"Cada uno de nosotros tiene uno… Un sueño otorgado por Dios en nuestros corazones de lo que podemos llegar a ser." - Wayne Cordeiro, Autor de "Haciendo de la Iglesia un Equipo"

¡Sucedió! Estaba en la oficina del Presidente Sali Berisha, el primer presidente electo de la República de Albania. Nuestra reunión se suponía que tardaría de diez a quince minutos máximo, pero finalmente terminó siendo de cuarenta y cinco minutos. Hablamos de los eventos actuales y de los retos que enfrentaba esta nueva era de Albania y sus sueños para esta joven democracia. Le entregué una pequeña Biblia en su idioma, y después desperté.

Si, era un sueño que se convirtió en una experiencia real dentro de mi sueño de Dios de compartir las buenas noticias con los albanos, un grupo de gente totalmente inalcanzado. El vívido sueño de esa noche abrió mis ojos al verdadero mundo de sueños, sueños de Dios. Poco sabía yo que yo de hecho realizaría ese sueño dos meses después en Tirana la capital de la ciudad.

En mi libro, El Tejedor de Sueños, hablo acerca de "Sueños de Dios" para todos en general, pero en este capítulo quiero enfocarme en como los Sueños de Dios se relacionan específicamente con el entrenamiento. He tenido buenas experiencias y malas experiencias con los líderes. Mis buenas experiencias parecen centrarse siempre alrededor de una disciplina a la que ahora llamo entrenamiento. Otra forma de describir el entrenamiento es ayudar intencionalmente a los líderes a mantenerse sanos. Entrenamiento es intencionalmente estar disponible a ver a otra persona cambiar para bien.

A través de mis años como líder, he notado que mis errores me han ayudado a crecer y mis victorias también me han enseñado humildad, al recordarme que Dios realmente quiere que edifiquemos Su Reino a través de personas comunes como tú y yo. El quiere hacer cosas extraordinarias a través de personas comunes que se hagan a sí mismos disponibles para Sus Planes. Ser un entrenador me da la oportunidad de ayudar a otros a ganar más kilometraje tanto de sus errores como de sus triunfos.

Entrenar es realmente una disciplina que Jesús utilizó mucho antes de que se volviera un eslogan popular en el mundo de los negocios e incluso en los círculos de la iglesia ahora. Es obvio que Jesús no sólo era el Maestro de Maestros sino el Entrenador Maestro. El hacía preguntas poderosas no solo a aquellos que estaban tratando de atacarlo sino también a aquellos que Lo amaban y servían. El escuchaba y reflejaba lo que estaba sucediendo a Su alrededor, y tanto los desafiaba como motivaba a aquellos que estaban en servicio. El es nuestro Entrenador Maestro, y podemos aprender mucho de Su ejemplo.

En este libro verá que hay diferentes enfoques del entrenamiento, justo como hay diferentes estilos de enseñanza y de predicar. No hay una sola manera de enseñar y no hay una sola manera de entrenar. Esta es la razón por la cual creemos que cualquiera en el Reino de Dios puede entrenar a alguien más. Cada pastor puede entrenar a otro pastor, y cada iglesia puede entrenar a otra iglesia.

Sin embargo, notará que cada uno de los autores en este libro es apasionado de algunas áreas clave. Así que, en vez de verlo como un conflicto, es nuestro deseo que las vea como complementarias una de la otra. Por ejemplo, en este capítulo verá que enfatizaré el hacer preguntas y no dar consejos o enseñar en el inicio de la relación de entrenamiento por una variedad de razones. Conforme la relación de entrenamiento madure, la confianza será fortalecida al punto donde el entrenador puede ofrecer sus ideas, experiencias y principios personales que desafiarán al entrenado a poner en consideración los consejos ofrecidos sin tener que aprenderlo de la forma difícil. Y como Jesús, un entrenador puede ser capaz de ofrecer una nueva visión de la vida en el Reino que puede ser determinante para su vida.

Cuando el entrenado abraza la nueva verdad, ya sea que le sea revelada por el Espíritu Santo como una visión personal a partir de preguntas que se hicieron o a partir de la visión o enseñanza de un entrenador, se dará la transformación, lo cual es la meta última de cualquier experiencia de entrenamiento. Joel enfatizará las herramientas en la caja de herramientas de un entrenador; Ben hablará acerca de la esencia o los principios desde una perspectiva bíblica, y yo me enfocaré en el entrenamiento desde la perspectiva de un Sueño de Dios. ¡Nuestra meta es la misma que Jesús tenía en Su estrategia de entrenamiento – transformación poderosa!

En Juan 14, Jesús habla de Su estrategia de entrenamiento con Sus discípulos cuando los preparaba para la transición que iban a tener de Su entrenamiento personal hacia ser entrenados por el Espíritu Santo después de Su muerte, resurrección, y ascenso al Cielo.

> "Si ustedes me aman, obedezcan mis mandamientos. Y yo le pediré al Padre, y él les dará otro Defensor para quien nunca les dejará. El es el Espíritu Santo, quién lleva hacia toda la verdad. El mundo no puede recibirlo porque no lo está buscando y no lo reconoce. Pero ustedes sí lo conocen, porque vive con ustedes y después estará en ustedes. No los abandonaré como a huérfanos; vendré a ustedes. Dentro de poco el mundo ya no me verá más, pero ustedes sí me verán. Y porque yo vivo, también ustedes vivirán. Cuando me eleve hacia la vida de nuevo, sabrán que yo estoy en mi Padre, y ustedes en mí, y yo en ustedes. Los que aceptan mis mandamientos y los obedecen son los que me aman. Y puesto

que me aman, mi Padre los amará, y yo también lo amaré y
yo mismo me revelaré a cada uno de ellos." Juan 14:15-21
(NLT)

Este es el espíritu del entrenamiento. Hay un poder que se libera
en la presencia de Jesús, el cual El prometió a sus discípulos y a
nosotros. Las palabras de Cristo nos permiten echar un vistazo de
cuan poderoso puede ser el entrenamiento cuando simplemente
tomamos la decisión desde el comienzo mismo de una relación
de entrenamiento de "estar presentes" para otros a quienes
estamos tratando de liderar. Entrenamiento efectivo significa
estar presente física, emocionalmente y cualquier otra forma.
Involucra ayudar a otra persona a crecer o encontrar su camino
durante momentos difíciles y desafiantes.

El entrenamiento efectivo involucra algunas herramientas
básicas que cualquiera puede utilizar. No necesitas entrenamiento
profesional para ser eficaz al entrenar a alguien en el Reino.
Solamente necesitas tener en un principio el corazón correcto. Así
que si combinamos el corazón de Jesús con el poder del Espíritu
Santo (junto con algunas habilidades básicas de entrenamiento)
virtualmente cualquiera o cualquier líder con el corazón y actitud
correctos puede entrenar. Si, es verdad. ¡Usted Puede Entrenar!
Permíteme comenzar con un paso básico en la dirección correcta,
entrenamiento basado en el Sueño.

Mi amigo, Wayne Cordeiro dice, "Cada uno de nosotros… un
Sueño que nos ha sido dado Dios en nuestros corazones de lo
que podemos llegar a ser." Si obramos con esa creencia, entonces
podemos entrenar exitoso a cualquiera que desee aprender y
crecer. Y para aquellos que tienen en su corazón un Sueño de
Dios de expandir el Reino de Dios en el mundo, podemos usar la
disciplina de entrenamiento para proveerles el apoyo, motivación,
y responsabilidad (AMR) que necesitan para ver el sueño
realizado.

¿Notaste lo que declara la primera frase del Capítulo Uno? Sí, un sueño—un Sueño de Dios. ¡Uno de los Sueños de Dios de Ben es que no haya pastores solitarios! De hecho, el primer capítulo completo describe porque cientos de líderes miran a Ben como un entrenador. De hecho, este libro que ahora tiene en sus manos fue su sueño, y estoy encantado de ser parte de la realización de este sueño de bendecirle y dejarle libre en su ministerio de entrenamiento. Aquí esta lo que yo tengo para ofrecer, y oro para que sea de utilidad para usted.

Uno de los muchos enfoques del entrenamiento saludable es aprender cuando hacer preguntas poderosas. Es una habilidad que puede ser fácilmente desarrollada si la practica. Profundicemos un poco más en este enfoque de hacer preguntas poderosas. En el resto del capítulo veremos la definición de entrenamiento bíblico, las disciplinas básicas del entrenamiento, implementación del Sueño de Dios en la vida real, tanto como servidor como líder.

¿Qué es entrenar?

¡Entrenar es primordialmente para gente sana! Aconsejar es para personas con dolor. Así que, ser entrenado y entrenar no quiere decir que el que está siendo entrenado es débil o no saludable. De hecho, realmente significa lo opuesto. La Biblia está llena de ejemplos de líderes dinámicos quienes tanto proporcionaron como recibieron entrenamiento.

Piense en Moisés (entrenado) y su suegro Jetro (entrenador). Qué tal Jonathan (entrenador) y David (entrenado), Jesús (entrenador) y sus discípulos (entrenados), el apóstol Pablo (entrenado) y Barnabas (entrenador) y junto con el apóstol Pablo (entrenador) y Timoteo (entrenado). La lista sigue con muchos ejemplos más.

A veces tenemos la impresión de que entrenar es algo totalmente nuevo. Sin embargo como se mencionó anteriormente, entrenar no es tan nuevo como algunos piensan. Entrenar es la dedicación y disciplina de una persona de ir del lado de una persona para ayudarla o ayudarlo a llegar a ser todo lo que él o ella puede ser por medio de ayudarlo o ayudarla a expandir su potencial de desarrollo de liderazgo. A veces un coach puede ser usado para ayudar a un entrenado a articular el Sueño de Dios que está guardado dentro de su corazón y después definir sus metas y pasos de acción para de hecho ver el sueño realizado.

Mi definición personal de entrenamiento es "extraer el oro que está escondido bajo la superficie." Esta definición fue influenciada por mi amigo Pastor Wayne Cordeiro. Creo que cada persona tiene un Sueño de Dios guardado en lo más profundo de él o ella, que es extremadamente valioso, y está diseñado para ser liberado en este mundo para la gloria de Dios. Cuando lo aplicamos a la meta de la expansión del Reino, las recompensas no solo son eternas, sino también son valoradas y apreciadas en nuestro tiempo temporal en la tierra.

Mi organización Entrenamiento Líder Formador de Vidas, define entrenar de esta manera: "La persona que está siendo entrenada es el experto que tiene las respuestas dentro de sí mismo. Trabajar con un entrenador le permite a la persona descubrir las respuestas." ¡Okey, así que quiere entrenar! ¿Dónde empieza? Veamos algunas disciplinas básicas del entrenamiento que puede poner en consideración para utilizarlas para empezar.

DISCIPLINAS BÁSICAS DEL ENTRENAMIENTO
1. Conócete a ti mismo

Una vez que ha captado la visión del entrenamiento, todo lo que necesita es descubrir su propio estilo de entrenamiento y comenzar partiendo de ahí. Lo que quiero decir con estilo es su don motivacional y de ministerio en combinación, así como también su perfil DIEC. Un perfil DIEC es un modelo de comportamiento de cuatro cuadrantes basado en el trabajo de William Moulton Marston para examinar el comportamiento de los individuos en su ambiente o dentro de una situación específica. Se enfoca en los estilos de personalidad y preferencias de tal comportamiento. DIEC es acrónimo de:

Dominio – relativo al control, poder y asertividad.
Influencia – relativo a las situaciones sociales y la comunicación
Estabilidad – relativo a la paciencia, persistencia y consideración.
Conciencia – relativo a la estructura y la organización

Así que, poniéndome a mí mismo de ejemplo, mi don de motivación espiritual es una combinación de liderazgo y enseñanza. En adición, mi perfil DIEC es un alto D/I dependiendo de si estoy trabajando con otro "D". Si estoy en un cuarto con otros "Ds" fuertes, mi "D" disminuirá, mi "I" entrará en acción y diferiré hacia el liderazgo de otro. Entonces permito que mi liderazgo en el proyecto fluya desde mi tipo relacional "I". Sin embargo, tengo que usar disciplina para hacer esto ya que no nace naturalmente. He aprendido por experiencia que esto funciona bien para mí.

Este don combinado me es de utilidad predicando en público o enseñando el ministerio, pero tiene el potencial de arruinar una relación de entrenamiento si no soy cuidadoso. Nuevamente, me enfoco en la disciplina para asegurarme que permanezco fiel a la manera en que Dios me ha diseñado pero no sobre pasando mi poder con mi propia fuerza. Así que en los inicios de la relación de entrenamiento, en vez de predicar, enseñar, y dar consejos a la persona que estoy entrenando, escucho intencionalmente, reflejo lo que se está diciendo, y apunto buenas preguntas ¡cuando estoy tentando a hablar antes de tiempo!

Descubrí que mi estilo me da la habilidad de tener ideas y ser una gran fuente de motivación. Aun así, me mantengo fiel a como Dios me diseñó y puedo aplicar poderosas técnicas de entrenamiento para la gloria de Dios. Si usted no sabe cuál es su perfil DIEC o cuáles son los dones de su ministerio, puede hacer una simple búsqueda en internet de una asesoría gratuita en línea para descubrirlo y permitir que su estilo de entrenamiento fluya a partir de esto. Le dará gusto hacerlo, y también a los que entrene.

Una de las claves para ser un entrenador exitoso es ser auténtico a quien realmente eres y después ser un escuchador activo en vez de sólo ser un dador de consejos. La mayoría de los líderes en la iglesia están conscientes de sus dones espirituales y de su perfil de personalidad. Puesto que estamos conscientes de quienes somos, necesitamos dejar que nuestro estilo de entrenamiento mane desde ese estilo auténtico. Otra cosa en la que la mayoría de los pastores en la iglesia son bueno es en predicar y dar consejos.

Sin embargo esta fuerza puede convertirse en una debilidad cuando se trata de la disciplina del entrenamiento auténtico. Estamos tan acostumbrados a estar "encendidos" como líderes, predicando y enseñando la Palabra de Dios, que a veces confundimos ese rol con entrenar. Y algunas veces terminamos diciéndole que hacer a aquellos que estamos "entrenando en lugar de entender que el Espíritu Santo está trabajando dentro de ellos. Las respuestas que necesitan más desesperadamente están justo debajo de la superficie, en Sus manos. Si los entrenáramos para descubrir esa verdad, y que Dios realmente ha puesto Su plan y Sueño en sus corazones para tomar iniciativas clave para la expansión del Reino, las cosas podrían dramáticamente cambiar para bien.

Así que, ¿cómo entrenamos si no le decimos al entrenado que hacer al principio de la relación de entrenamiento? Ésta es la gran pregunta. Veamos cada componente para asegurarnos de que estamos mirando desde la misma perspectiva.

2. Escuchar de Forma Activa

Uno de los pasos más importantes es disciplinarnos a nosotros mismos para involucrarnos en escuchar de forma activa. Hay muchas definiciones de "escucha activa", así que permítame compartir qué es a lo que me refiero. Cuando alguien está hablándole y compartiendo su corazón, muchas veces escuchamos el comienzo de su mensaje y sin querer llenamos los espacios en blanco con lo que pensamos que la persona está tratando de decirnos.

Cuando practicamos la escucha activa estamos realmente tratando de escuchar el mensaje completo detrás de las frases introductorias de cada tema que tenemos a la mano. Nuestra meta es involucrar al individuo en la misma forma que Jesús lo hizo. Él escuchó el mensaje detrás de las palabras y después respondió. A veces El decía cosas que conmocionaban a aquellos que se encontraban parados mirando cómo se desarrollaban los sucesos. A veces El respondía preguntas con preguntas porque estaba utilizando la disciplina de la escucha activa. El es el Entrenador Maestro, y observar Su interacción con otros en los Evangelios le dará ideas tremendas de cómo es que puede acercarse a la escucha activa.

Las investigaciones alrededor del mundo concluyen en que no importa en qué cultura usted y yo fuimos criados, podemos mejorar nuestras habilidades al escuchar. Las investigaciones recientes indican que en promedio recordamos 25-50% de lo que oímos.

Si soy honesto conmigo mismo, es muy cercano a lo que yo mismo me veo haciendo cuando estoy escuchando a alguien de forma casual. ¿Por qué? Escuchar de forma activa requiere de enfoque y energía.

Es trabajo, puro y simple. Pero vale la pena porque podemos ayudar a descubrir un sueño o crear un lugar de refugio para los líderes en conflicto, para que así ellos puedan liberar lo que Dios lo ha llamado a hacer.

Mi "consejo", es, por tanto, escuchar lo que está diciendo la persona que estás entrenando e incluso ¡lo que no está diciendo! ¿Qué quiero decir con eso? Bueno, cuando alguien está compartiendo algo a lo que llamaría un problema Número 10 (un problema muy importante) pero usa una frase emocional Número 3 y trata de pasar a otra cosa, tomaré nota. Y cuando sea apropiado, volveré a la frase y comenzaré a sondear con preguntas algo más abiertas. He descubierto que esto sucede porque la persona con la que estoy hablando está tratando de discernir si estoy realmente escuchando o incluso si es un lugar seguro para compartir algo realmente importante o incluso riesgoso.

Cuando regreso y retomo el problema que alzó una bandera de atención en mi mente, la persona que estoy entrenando dirá algo para efecto de lo que se estaba preguntando cual iba a ser mi respuesta. Es por esto que reflejarse en lo que la persona dice es tan importante.

Cuando reflejamos, podemos discernir cuales son los problemas más profundos y permitimos que nuestra curiosidad aumente para ayudar al entrenado a compartir más y más información sobre un tema en particular.

Cuando practicamos esto, tarde o temprano ayudaremos a estos líderes a descubrir y luego revelar algo que quizás podrían nunca descubrir por ellos mismos.

Yo llamo disciplina a la escucha activa porque una pausa de treinta segundos usualmente no es suficiente. A veces necesitamos estar cómodos con el silencio – lo suficiente para permitirle al que habla profundizar en un asunto en particular. Y esto a algunas personas les toma tiempo y pensar para que puedan expresar que es lo que siente y como lo sienten. Ahora, no quiero decir que necesitamos hacer una pausa por todo un minuto en absoluto silencio. Sugiero que nos mantengamos sensibles a la guía del Espíritu Santo para estar en silencio tanto como lo necesitemos en cualquier situación, dándole al que está siendo entrenado todo el tiempo que él o ella necesite.

Escuchar de forma activa nos exige dejar que pase suficiente tiempo en silencio para que así alguien quien no esté acostumbrado a ser entrenado tenga la impresión de que toma en serio el escuchar lo que ellos realmente tienen para decir. Podrías necesitar recordarse a sí mismo "dejar de hablar" hasta que esto se convierta en algo natural.

Déjame explicar que quiero decir con eso. Yo soy un "aconsejador en recuperación" así que se de lo que estoy hablando.

Lo que quiero decir con esto es que antes de la relación de entrenamiento madurara, perdía muchas grandiosas oportunidades de saber que era lo Dios estaba haciendo en la vida del entrenado porque daba consejos demasiado rápido. No estoy diciendo que dar consejos sea malo. Pero si los damos demasiado pronto, podríamos pernos grandiosas oportunidades de saber información crucial en el principio mismo de la relación de entrenamiento.

Cuando empezamos a reconocer que dar consejos prematuramente va en detrimento de convertirnos en un entrenador eficaz, primero dejamos de hablar externamente y luego tenemos que dejar también de hablar internamente. Es natural cuando empezamos nuevos hábitos que nuestros viejos hábitos se resistan al cambio en un principio. Así que, una vez que tenga conquistada la respuesta verbal, el próximo paso es el dialogo mental dentro de su cabeza. Puede lograr esto una vez que esté consciente del proceso. De hecho, por lo regular esto es el 75% de la batalla. El resto es solo practica.

Algunas otras cosas que puede hacer es tomar notas mientras el entrenado está hablando y empezar a escribir algunas preguntas y luego elegir la mejor pregunta para hacerla en el punto más adecuado del dialogo. Así que en el inicio de la relación de entrenamiento, hacer buenas preguntas es uno de los roles primarios del entrenador. ¿Qué tipo de preguntas hago? Veámoslo ahora.

3. Hacer Preguntas Poderosas

La mejor forma de empezar es haciendo "preguntas abiertas" y después progresar gradualmente hacia hacer "preguntas poderosas". Cuando hacemos esto, comenzamos a "ver que se encienden las luces" de aquellos a quienes estamos ayudando. También comenzamos a descubrir el sueño único que Dios ha puesto dentro del corazón de la persona que estamos entrenando.

Así que, ¿Qué es una pregunta abierta? Es lo opuesto de una "pregunta cerrada". Estas últimas las utilizamos todo el tiempo, pero podemos nunca pensar qué es lo que son. Una pregunta cerrada es un tipo de pregunta que proporciona como respuesta solo "sí" o "no". Una pregunta abierta le da al que la escucha la oportunidad de expresarse o explorar más profundamente.
Después, empiezan a "ver" sus pensamientos y a obtener más ideas internas e incluso algunas soluciones a sus propios retos al ver su vida e incluso su Sueño de Dios hacerse realidad. He aquí algunos ejemplos de preguntas cerradas y sugerencias en cómo convertirlas en preguntas abiertas:

Cerrada: "¿Le ha consultado a su esposa la decisión de mudarse a otro país?"

Abierta: "¿Puedes contarme acerca del proceso que está usando con su esposa para tomar la decisión de mudarse a otro país?"

Cerrada: "¿Tuvo esa reacción con su equipo por tenía temor?"

Abierta: "¿Qué factores personales le llevaron a reaccionar hacia su equipo de esta manera?"

Otros ejemplos de preguntas abiertas:

"¿Cuál es el tema más importante del que le gustaría hablar hoy?

"Si no hubiesen barreras, ¿Qué tipo de Iglesia le gustaría edificar?

"¿Cuál es el elemento más significativo de toda esta experiencia?"

"¿Con qué cosas podría contribuir para hacer un cambio positivo en este reto de la relación?"

El siguiente nivel de hacer buenas preguntas de entrenamiento es lo que llamamos "preguntas poderosas". He aquí mi definición de una "pregunta poderosa": una "pregunta poderosa" es simplemente una "pregunta abierta ¡que tomó esteroides! Cuando haces una pregunta poderosa verás que la persona a la que estás entrenando responde con palabras como "¡Esa es una muy buena pregunta!", "¡Wow!", o "Nunca antes me habían hecho esa pregunta". Cuando escuches frases como esas, lo más probable es que el entrenado necesite algo de tiempo antes de responder. Aquí es donde combinamos la escucha activa con nuestras preguntas abiertas y poderosas. Una pregunta poderosa provoca que el entrenado se detenga y responda con el corazón lo cual lo lleva a un descubrimiento más profundo. Aquí tiene unos ejemplos de preguntas poderosas para ayudarle a empezar a crear las suyas propias.

- ¿Qué hará si en su primer intento este proyecto fracasa?
- ¿Cómo afectaría a sus intentos por avanzar en el futuro un resultado fallido?
- ¿Qué cambio de crecimiento personal tiene que ocurrir en su vida que le harían moverse al siguiente nivel?
- Si pudiera hacer de nuevo este evento, ¿qué cambios haría?
- ¿Cuáles son los pasos que tomará para superar este desafío?
- ¿Qué es lo que ha soñado hacer que podría cambiar la vida de alguien más?
- ¿Qué pasa si su primer intento en este proyecto fracasa?
- ¿Cómo afectaría un fracaso sus intentos en el futuro?
- ¿Qué cambio de crecimiento personal tiene que ocurrir en su vida para moverse al siguiente nivel?
- ¿Si pudiera hacer de nuevo este evento, ¿qué ruta tomaría?
- ¿Qué pasos tomará para superar este desafío?
- ¿Qué es lo que has soñado toda su vida que podría cambiar la vida de alguien más?

Cuando aquellos que estas entrenando empiezan a responder este tipo de preguntas, pensará que has encontrado la "veta madre" del oro porque ellos comenzarán a compartir cosas que nunca antes habían expresado, y al final de su sesión juntos dirán cosas como "¡Muchas Gracias! ¡Su tiempo conmigo me ha abierto nuevas puertas de entendimiento! ¡Su ayuda me ha llevado a un lugar en el que nunca había estado!"

Frases como estas podrán sorprenderle, y pensará para sí mismo, "Realmente no hice nada". ¡Pero en realidad lo ha hecho! Escuchó, reflejó, y consideradamente hizo preguntas abiertas y poderosas. ¡Así es como el entrenamiento se pone realmente emocionante! Esto nos lleva a nuestro siguiente tema. Aunque escuchar y hacer muy buenas preguntas son ingredientes importantes en el proceso de entrenamiento, es importante tener siempre en mente la meta última: descubrir y liberar las metas, planes e incluso los Sueños de Dios.

4. Afirmación positiva

Todos necesitan afirmación positiva, especialmente cuando se trata de un Sueño de Dios de hacer algo diferente. Cuando ratificamos el Sueño de Dios de alguien, requiere disciplina, fe, y madurez el escuchar, hacer preguntas poderosas, y después ratificar algo que aun no es visible a simple vista. Muchas personas comparan los Sueños de Dios con fantasías. De hecho ambas están apartadas años luz una de la otra.

A través de los años, en cualquier momento que he hablado del tema "Sueños de Dios", usualmente obtengo dos respuestas las cuales están en lados opuestos del lugar al que de hecho me gustaría llegar. Algunas personas simplemente desechan por completo el tema de los Sueños de Dios porque piensan que me estoy refiriendo a una fantasía, algo que creemos que sucederá y que no requiere de fe. El otro extremo es suponer que estoy hablando de sueños místicos y sus interpretaciones. Aun cuando Dios usó los sueños en Biblia para obtener atención de personas clave, no me estoy refiriendo a esos.

Permítame por favor compartir mis pautas personales probadas y comprobadas que yo uso para discernir la diferencia entre un Sueño de Dios y una fantasía. Como mencioné, una fantasía no requiere de fe. Es solamente una fantasía, ¡pero un Sueño de Dios requiere de fe! Cuando alguien vuelve a nacer y está lleno del Espíritu de Dios, el Sueño de Dios se activa y comienza a tomar forma. Cada vez que te vas acercando más y más, algo dentro de tu alma se ilumina, y una paz que sobrepasa todo entendimiento comienza a empujarte más y más cerca de tu destino dado por Dios. Así que, he aquí algunas pautas para ayudarle a discernir entre fantasía y Sueños de Dios inspirados en la fe:

• El Sueño de Dios jamás contradecirá la sabiduría bíblica
• El Sueño de Dios traerá paz a su vida, incluso si entra en

conflicto con la sabiduría del mundo.

• El Sueño de Dios puede soportar la prueba del discernimiento e incluso la persecución.

• El Sueño de Dios siempre estará "enfocado en el otro" no lo contrario.

• El Sueño de Dios tomará tiempo para llegar a realizarse.

• El Sueño de Dios necesita el poder de Dios para lograrse.

Si puede lograrlo con sus propias fuerzas, entonces probablemente no es un Sueño de Dios.

• El Sueño de Dios necesita la sabiduría de Dios para navegar a través de trampas y desafíos creados por este mismo sueño.

• El Sueño de Dios traerá fuego del enemigo y a cualquiera que él elija para impedir y suprimir que sea realizado.

• El Sueño de Dios tendrá temporadas tanto de valles como de cimas de montañas.

Esta no es una lista exhaustiva, pero estas pautas me han ayudado a descubrir el potencial que hay dentro de otros quienes han tenido un sueño de cumplir un desafío de liderazgo, ya sea iniciando un nuevo ministerio, sembrando una iglesia, o cualquier otro sueño de la talla de Dios.

Uno de los mejores ejemplos en la Biblia de un líder que tuvo un Sueño de Dios y lo realizo después, fu José, hijo de Jacob. José tenía tan solo diecisiete años cuando su Sueño de Dios comenzó a emerger, ¡pero fue aproximadamente veinte años después que el sueño se realizó!

Sabemos que todo empieza de una visión en la mente de alguien. Las ropas que usa, el teléfono móvil que utiliza, el reloj que tiene, e incluso el edificio en el que duerme, todo inició en la mente de alguien, en alguna parte, en algún momento, antes de que existieran. José tuvo un Sueño de Dios de llegar a ser un gran líder que influenciaría las vidas de muchas personas. Moisés tuvo un Sueño de Dios de ver a su gente ser libre para llegar a ser la nación que estaban destinados a ser. Pablo tuvo un Sueño de Dios de ver a los Gentiles entrar al Reino de Dios, y la lista sigue.

¡Sucede lo mismo con su Sueño de Dios. Y los Sueños de Dios de aquellos a quienes entrena! Estos Sueños de Dios tienen un significado temporal y eterno. Y cuando se trata de expandir el Reino de Dios, ¡el deseo de Dios es usar a gente común para llegar hasta la que gente que no es salva para Su gloria! Todos sabemos que cuando se trata de expandir el Reino, el enemigo hará todo en su poder para detenernos. Así que servir en el papel de entrenado de otros líderes es algo noble para hacer. Puede significar la diferencia entre el éxito o el fracaso de una iniciativa en el Reino.

Cuando nuestro equipo comenzó a hablar de este libro y la idea de entrenar líderes, me emocioné mucho porque cuando estaba sirviendo tanto en casa como en el extranjero hubiera dado cualquier cosa por haber tenido alguien que me entrenara en estas habilidades básicas.

El "Entrenamiento Basado en Sueños" es un término que me vino a la mente en el momento que se me pidió que escribiera este capítulo. El entrenamiento Basado en Sueños es incorporar todo lo que hemos hablado hasta este punto. Si decides practicar la disciplina del entrenamiento y obrar desde una perspectiva de fe de que "Usted Puede Entrenar" y que cada persona ha sido dotada con un Sueño de Dios" dentro de ellos que solo está esperando ser realizado, ¡entonces todo es posible!

Tristemente, he visto a líderes con buenas intenciones tratar de imponer una visión no bíblica en alguien más. O quizás ellos vieron algún ministerio exitoso en acción y luego trataron de que otros copiaran ese ministerio, aun cuando su cultura y contexto no fueran compatibles. Cuando las iniciativas de ministerio fracasan, los líderes a veces se echan para atrás, y nunca vuelven a intentar hacer grandes cosas para Dios. Eso es lo que me encanta del entrenamiento con principios bíblicos. Siempre trascienden la cultura y la metodología utilizada puede ser diferente cuando se aplica el mismo principio.

Así que, si un líder fracasa en una iniciativa, podemos entrenarla o dar entrenarlo para aprender del resultado fallido. Podemos entrenar al líder a hacer como lo que nos reta John Maxwell: aprender a "fallar hacia adelante". La vida y el liderazgo están llenos de desafíos y resultados fallidos, pero podemos aprender de ellos. Y podemos ayudar a aquellos que entrenamos a seguir adelante con cada experiencia, sin importar cuál ha sido el resultado de esas experiencias. ¡Podemos ayudar al entrenado a crecer y madurar con esos desafíos para que llegue a ser todo lo que Dios quiere que lleguen a ser!

¿Cuáles son algunas preguntas claves que pueden ayudarnos en el entrenamiento a líderes y ayudarlos a empezar toda la experiencia de desempacar los sueños? Mi amigo, entrenador y mentor en esta área en particular es Doug Fike. Doug es autor de nuestra Pista de Entrenamiento "Enfoque en la Vida", así como de otros materiales de entrenamiento que han ayudado a cientos de líderes a ponerse en contacto con sus Sueños y Destinos de Dios. He aquí algunas de sus preguntas clave:

• ¿Qué circunstancias de la vida positivas o negativas le han formado de forma fundamental?
• ¿Qué tipo de necesidades (situaciones, circunstancias, o necesidades de la personas) realmente tocan su corazón?
• ¿Qué han visto y afirmado otros en usted?
• ¿Cuál es su don natural?
• ¿Qué piensa que has sido llamado a hacer?
• ¿Cuáles son los lugares significativos donde Dios le ha hablado

acerca del propósito de su vida?
• ¿Cuál de las áreas anteriores ha visto que converjan en diferentes puntos de su vida?
• ¿Qué ha pasado en su vida cuando esto sucedió?

Preguntas como estas ayudarán a aquellos que entrena a empezar a descubrir algunas de las claves que les apuntarán en la dirección correcta hacia su Sueño de Dios, su destino, ¡e incluso a su claro propósito en la vida! Esto es lo que hace del entrenamiento un rol tan emocionante y gratificante.

Sin embargo, como cualquier rol, debes tener el corazón correcto para que sea dador de vida. Tener el corazón del Entrenador Maestro, Jesús, es crítico, y todo lo que hacemos por El, nuestro modelo, involucra el corazón de un servidor. Y esa es el área en la que me quiero enfocar ahora dando algunos ejemplos de Entrenamiento Basado en Sueños.

EJEMPLOS DE ENTRENAMIENTO BASADO EN SUEÑOS

Hace varios años tuve la oportunidad de entrenar a un hombre que había dejado el equipo líder de otra iglesia y había claramente discernido que Dios lo estaba llamando a sembrar de cero una nueva iglesia. El nunca había hecho esto como líder primordial aun cuando había servido en varios equipos con un rol secundario sembrando otras iglesias.

Esta vez el era el líder primario con una visión de sembrar y liderar esta iglesia, y era un poco aleccionador, porque se encontraba ahora en posición de actuar de acuerdo con su Sueño de Dios que había está creciendo en su corazón por muchos años. Es como un padre o madre que sueñan con el día que tendrán hijos propios. Cuando el hijo finalmente llega, de repente se instaura la realidad. Ya no es teoría o imaginación; ¡es la realidad! Un líder puede paralizarse no solo por decirle que hacer, sino también por no saber cómo activar el sueño que Dios le ha dado para esta nueva iglesia que solo existe en su corazón. Se necesita un entrenador talentoso para ayudar a los líderes a hacer las cosas que Dios ha puesto en su corazón. Así que recuerda, ¡Usted Puede Entrenar!

Esto es lo que yo hice con Kurt. Empecé pidiéndole que me dijera específicamente como se veía la iglesia después de ser creada. Le pregunté: "Kurt, si no hubiera barreras en absoluto para construir esta iglesia, como se vería dentro de cinco, diez, quince años? ¿Quiénes son las personas que vienen a esta iglesia? ¿Cuáles son sus edades? ¿Están incluidos niños y adolescentes? ¿Cómo se verán los servicios de adoración? ¿Qué misión específica tiene esta familia de la iglesia que la hace única?" preguntas como estas guiaron nuestra conversaciones en persona y por teléfono por varios meses.

Fue emocionante ver sus ojos iluminarse cuando hablaba de esta iglesia que había sembrado dentro de su corazón. Conforme respondía estas preguntas, yo me emocionaba con esta iglesia. Tomé notas y continué haciendo más preguntas conforme el compartía a mayor detalle su iglesia y las cosas que Dios podría hacer.

Hoy puedo decir honestamente que él se encuentra en el camino correcto con su Sueño de Dios para su iglesia. Esta viva, creciendo, y prosperando, y se ve justo como la iglesia que me describió cuando hablamos bajo la sombra de un árbol, con las puertas del carro abiertas, en días de verano. Kurt tiene un equipo saludable de miembros antiguos y lideres de ministerio, y su iglesia ha tomado forma de acuerdo con su sueño de una congregación liberada que llega a adultos y niños para Jesús, ¡tanto en su propio país como en el resto del mundo!

Esta pasión por el entrenamiento viene de ser transformado personalmente por entrenadores clave en mi vida. Uno de ellos es Ben Wong, quien estuvo ahí cuando estaba pasado por uno de los momentos más difíciles de mi vida y me sentía solo y aislado. Estaba pensando en renunciar a mi ministerio, pero Ben continuó regresando a mi vida haciéndome preguntas poderosas y desafiándome a "seguir mirando hacia arriba". En una ocasión, Ben me llamó para una de nuestras sesiones de entrenamiento y hablamos por más de una hora.

Finalmente le pregunté desde dónde estaba llamando puesto que habíamos hablado por tanto tiempo. Supuse que estaba en algún lugar dentro de mi país. (Esto fue antes de que tuviéramos Skype y llamadas gratis de Internet.) Su respuesta fue, "Yo vivo en Hong Kong". Yo estaba en shock cuando descubrí que él me estaba entrenando desde el otro lado del mundo. Le dije estaba loco por gastar tanto tiempo y dinero en llamadas a tan lejos. Nunca olvidaré su respuesta. El dijo muy amablemente, "Tú eres más importante que mi factura telefónica". Esa conversación cambió mi vida. Empecé a "mirar hacia arriba" otra vez. Hoy me encuentro en un lugar muy saludable gracias al entrenamiento de Ben.

Es mi oración que muchos algún día digan lo mismo de usted gracias a su entrenamiento. Oro ahora mismo por usted para que Dios le use para transformar otras vidas y que usted las vea como algo más importante que su factura telefónica o cualquier otra cosa que pudiera meterse en su camino.

Desde aquí, ¿Hacia a Dónde Va?

Este capítulo fue diseñado para causar una impresión en su mente de que "¡Usted Puede Entrenar!" también queremos estimular su pensamiento para que considere utilizar el "Entrenamiento Basado en Sueños "como una de las muchas herramientas de su caja de herramientas así como también que mire algunos métodos básicos de entrenamiento que podría usar para empezar a entrenar hoy. Este es solo un pequeño paso. Joel y Ben le ayudarán con otras herramientas y enfoques cuando pase la página y continúe sus descubrimientos. Si quiere descubrir más acerca de los Sueños de Dios visite mi página web: www.Ps139DreamWeaver.com.

Recuerde: ¡Usted Puede Entrenar!

Capítulo 3

LA CAJA DE HERRAMIENTAS DEL ENTRENAMIENTO,
por Joel Comiskey

En el año 2001, empecé a entrenar a pastores de tiempo completo[6]. había un problema. Yo no sabía cómo entrenar. Pensé que sabía, pero en realidad, consideraba iguales el entrenar con dar consejos. Como resultado, mis entrenados no estaban respondiendo bien. Siempre pedía evaluaciones, y se estaban volviendo más y más negativas. Incluso tuve algunos líderes que estaban tan frustrados conmigo que me despidieron de mis obligaciones de entrenamiento. Fue uno de los momentos más difíciles de mi vida.

Las buenas noticias eran que yo solo podía avanzar hacia adelante. Comencé a devorar cada trozo de literatura que era de entrenamiento. Se abrió ante mí una nueva manera de entrenar. Los amables líderes que se quedaron a lo largo de mis intentos le dieron la bienvenida a mi cambiada perspectiva y descubrieron que tenía algo que aportar.

Aprendí por ejemplo, la importancia de escuchar. Anteriormente, pensaba que tenía que impresionar al entrenado con mi sabiduría y respuestas. Pero me di cuenta de que mi trabajo era primordialmente el extraer las respuestas de los entrenados. Aprendí la importancia de hacer preguntas poderosas y la importancia de motivar y darles control a los líderes.

Desarrolle un marco de trabajo para mi entrenamiento basado en escuchar, preguntar, motivar y ayudar al entrenado a encontrar respuestas para el o ella. Incluso le pedí a un experimentado

---

[6] En ese tiempo, una denominación particular pagaba la mitad de mi salario, y cada iglesia individualmente tenía que pagar una parte también. Recibía la mayor parte de mi ingreso de esta manera.

entrenador que me asesorara en cómo entrenar. Me reunía con el frecuentemente, y me instruyó en los principios básicos del entrenamiento. Se mantuvo presionándome, por ejemplo, para que recordara que los entrenadores, como yo, no deben apresurarse a enseñar, consultar o dar consejos. En cambio, deben poner al entrenado en el asiento del conductor y simplemente guiar las discusiones a través de preguntas.

Mi entrenador, al igual que otros expertos en entrenamiento, era bastante dogmatico acerca de lo que debía y lo que no debía hacer un entrenador. Repetidamente aprendí que mi labor principal era extraer las respuestas del entrenado. El entrenado tiene que tomar la decisión por él o ella misma. El rol del entrenador era hacer preguntas para guiar al entrenado a tomar sus propias decisiones.

Comencé a practicar esto al 100%. No daba consejos. Si el pastor me hacia una pregunta, le daba la vuelta y hacia un pregunta en respuesta, "¿Qué piensas tú que deberías hacer?

Aprendiendo de la Retroalimentación

Conforme implementaba estos patrones de entrenamiento, descubrí que algunos de mis entrenados estaban frustrados porque no les estaba dando enseñanzas o respuestas directas. Puesto que les pedía a los pastores retroalimentación de forma oral y escrita con regularidad, supe que algunos querían más que escucha y preguntas poderosas. Si, les gustaba la parte de la escucha, pero también querían mis consejos y conocimientos expertos. Yo podía preguntar y preguntar pero lo importante es que con frecuencia ellos simplemente no sabían la respuesta. Necesitaban aportación con conocimientos también.

Comencé a darme cuenta de que si realmente iba a servir a estos pastores, necesitaba darles lo que ellos necesitaban, los cual con frecuencia incluía consejería, enseñanza y entrenamiento. Si, escuchar, motivar y hacer preguntas siguieron siendo las bases de mi entrenamiento, pero necesitaba expandir la visión de mi entrenamiento para satisfacer sus necesidades.

Tenía que estar dispuesto a escuchar, enseñar, asesorar, motivar, desafiar, y hacer realmente todo lo que fuera necesario para ministrar a mis entrenados.

Cuando comencé a expandir los horizontes de mi entrenamiento, los entrenados me dieron altos puntajes en mis evaluaciones. Le empezó a gustar mi entrenamiento e incluso me recomendaban como entrenador.

Utilizando Todo lo que Hay en la Caja de Herramientas

He aprendido que tengo que hacer lo que sea necesario para hacer que el entrenado sea exitoso. He nombrado a este concepto "tirar el libro de reglas" o poniéndolo más positivamente, "utilizar todo lo que está en la caja de herramientas." Este es probablemente el descubrimiento más importante que he hecho acerca del entrenamiento.

He descubierto que a veces tengo que confrontar y desafiar.

Otras veces, escucho sus preocupaciones acerca de la célula de la iglesia, del ministerio en general, o problemas personales. He descubierto que hay veces que necesito decirles que vuelvan y relean un libro que tiene todas las respuestas a sus preocupaciones. He aprendido a crear nuevos enfoques conforme se van dando las circunstancias.

He descubierto que tengo que entregarme a mí mismo por completo cuando estoy entrenando. No me enfoco en solo un aspecto de mi vida, sino en todo el espectro. (p. ej. Personalidad, mi crianza, experiencia de las células, y conocimiento). Cualquier cosa que pueda sacar, la uso. No solo saco mis Powerpoints, mis notas de la célula, o reglas de entrenamiento; me entrego a mi mismo totalmente.

Mi meta es servir al pastor, y sin contemplaciones pongo sus planes como prioridad principal. Estoy seguro que esto es cierto también en el entrenamiento de deportes como el tenis. ESPN escribió acerca de las estrellas de tenis, como Federer, diciendo,

> *En el juego actual, la mayoría de los jugadores —tanto las estrellas número uno como los que están en tratando de serlo — ponen mucho dinero en tener un entrenador de tiempo completo como anexo. El papel del entrenador puede variar desde expertos en tácticas y estrategias hasta psicólogos, agentes de viajes, niñeras, padres sustitutos, y mejores amigos, y con frecuencia está compuesto de todas esas facetas.[7]*

La frase "todas estas facetas" es crítica. No hay otra forma de entrenar. El mejor entrenamiento está compuesto de "todas esas facetas". Por ejemplo, paso mucho tiempo orando, escuchando y esperando en Dios antes de entrenar. Contribuyo con vida espiritual. También con mi propio carácter y mis habilidades relacionales. El cómo me relaciono con las personas se notará en mi entrenamiento. También contribuyo con mi amistad. A veces, lo más importante que puedo hacer es hacer una conversación ligera, reír o solo divertirnos juntos.

Mientras doy entrenamiento, relato que ha funcionado para mí y que no ha funcionado para mí, pero también comparto conocimiento de lo que otros han hecho, libros escritos en el tema, e información en línea que con frecuencia va más allá de lo que yo he probado o experimentado personalmente. Frecuentemente un

---

[7]   http://sports.espn.go.com/sports/tennis/wimbledon08/columns/story?columnist=harwitt_sandra&id=3473761

ejemplo se me ocurre y lo comparto con el que estoy entrenando. Entrenar no se trata para nada del entrenador. Es realmente acerca del pastor/entrenado. Entrenar es quitarse del camino y permitir al entrenado compartir, comunicar, y tomar decisiones. El trabajo del entrenador es guiar esa experiencia.

Variedad de Líderes y Situaciones

Entrené a un sembrador de iglesias que me veía a mí como a un supervisor. Este pastor en particular era un pensador agudo e independiente. Quería tomar sus propias decisiones. Apreciaba el estudio a profundidad que hice de su vida y su siembra. También le agradaban mis preguntas, mi escucha, y mi motivación. Puesto que no él no estaba en contacto con una denominación externa, me veía en su vida como a una autoridad de rendición de cuentas. Lo hice avanzar a través de hacer preguntas.

Entrené a otro pastor que quería un enfoque cara a cara en el entrenamiento. Este pastor quería que yo lo confrontara y e incluso que le dijera que hacer. Otro pastor quería un enfoque combinado. Uno era tan relajado que cualquier estilo hubiera funcionado. El solo quería que pasáramos tiempos juntos para hacer que valiera la pena la experiencia de entrenamiento.

Un personal de la iglesia quería que yo les enseñara usando Power Points por teléfono por un periodo de tiempo. Entre los momentos de enseñanza, hice preguntas, escuché, y les proveí de recursos.

Entrené a otro equipo pastoral que prefería hacerme una lista de preguntas cada vez que nos reuníamos para el entrenamiento. Podría haberle dado la vuelta a sus cuestionamientos preguntando "¿Tú qué piensas?" pero el hecho es, que ellos venían a mí con preguntas, y querían respuestas. Ser sirviente es necesario para responder a sus preguntas y entrenarlos por medio de la metodología pregunta/respuesta. Por supuesto, yo hacía preguntas, practicaba la escucha activa y buscaba motivar a este equipo pastoral.

Los pastores están en tan diferentes puntos en su jornada que una sola técnica de entrenamiento simplemente no es adecuada para todos. La clave es evaluar cada situación y que no estemos conformes hasta que el pastor esté satisfecho con tu estilo de entrenamiento.

Conforme entreno a cada pastor, necesito darme cuenta que estoy moviéndome entre tantas distintas culturas y experiencias. Con frecuencia salto adelante y hacia atrás entre las personalidades de cada pastor, incluso en un mismo día.

Naomi, una experimentada entrenadora de Hong Kong, en la Cumbre del CCMN de Hong Kong en el año 2008 compartió su experiencia de entrenamiento. Dijo que ella había tenido que adaptarse a cada situación. Otros meses ejercía como mentora, o enseñando o simplemente escuchando. Ella se ha dado cuenta de que entrenar son todas estas cosas envueltas en una sola. No se trata de una sola disciplina, sino una variedad de acciones y actividades. "Naomi realmente entiende que es entrenar", me decía a mi mismo mientras la escuchaba hablar.

El entrenador usa todo lo que sea necesario para llevar a cabo su trabajo. Dios da sabiduría para ayudar al entrenador para que sepa en que enfocarse en cada momento.

CONOCE AL LÍDER

Yo busco conocer a la persona que estoy entrenando, meditando en la vida y el ministerio de la persona, lo cual reúno en un documento al cual llamo caso de estudio. Algunos de mis casos de estudio se vuelven muy extensos. Escribo todo posible dato acerca del entrenado, como sus antecedentes, personalidad, familia, información de la iglesia, doctrina de la iglesia, filosofía, y ministerio celular de la iglesia. – o la falta de este. Trato de observar al pastor, escuchar lo que dice, y luego documentar lo que escucho.

Conforme me preparo para cada reunión de entrenamiento, ya sea una conversación telefónica o una reunión cara a cara. Primero reviso el caso de estudio. Trato de recordar de que hablamos la última vez. Luego anoto las preguntas que le quiero hacer al líder. Me enfoco en puntos de necesidad, peticiones de oración, y metas futuras. Sin embargo, estoy preparado para responder en forma apropiada si siento una necesidad o problema inmediato.

Después de la reunión, me aseguro de documentar las cosas que he aprendido. Luego uso esa información como una fuente para orar y preparar la siguiente reunión.[8] Mi rutina normal de preparación es:

• Ver las notas de la última reunión.
• Pensar y orar a través de las áreas que quiero investigar.
• Preparo las preguntas.

Fundación de entrenamiento Bedrock

A mi parecer, la fundación Bedrock para el entrenamiento es como ser servidor. El entrenador es el servidor. El entrenador está tratando de poner al entrenado en el asiento del conductor. El entrenador no es dominado por el está siendo entrenado pero intenta lavar sus pies. El entrenador le extrae la sabiduría que ya existe en el interior del entrenado. El que está siendo entrenado

---

[8] Llevo un registro continuo de mis líderes con el propósito de mantenerme al día con ellos y orar más eficazmente. Mi archivo para cada uno de mis líderes ha crecido enormemente. Uso esta información como un archivo de oración. Oro por las debiliades del líder y destaco sus fortalezas en medio de todas las debilidades.

puede que ya sepa que es lo que está pasando pero frecuentemente no puede organizarlo. El entrenador señala los problemas y los trae a la superficie.

El ser servidor requiere hacer lo que sea necesario para que un entrenado tenga éxito. La mejor forma de hacer esto es mediante escuchar, hacer preguntas, motivar, y desafiar a aquel que está siendo entrenado a realizar su visión. Mas sin embargo, el entrenador no deberá dudar en utilizar otros instrumentos de la caja de herramientas, siempre enfocándose en la pregunta, "¿Cómo puedo servir mejor al que está siendo entrenado?"

SIGUIENDO EL ESPÍRITU DE DIOS

Finalmente, el Espíritu de Dios debe guiar a los entrenadores. Antes de entrenar, busco escuchar el Espíritu de Dios y encontrar Su dirección. Me doy cuenta de que necesito confiar completamente en Dios y su Gracia cuando estoy dando entrenamiento.

Mientras escucho al entrenado, también estoy escuchando al Espíritu de Dios. Escuchar a ambos, el entrenado y el Espíritu, me permite moverme en un amplio rango de disciplinas y satisfacer necesidades específicas.

Constantemente trato de mejorar mi entrenamiento mediante leer y observar, pero finalmente el Espíritu de Dios debe llamar mi atención a los principios que son los más importantes.

He descubierto que entrenar es más difícil que hablar en un seminario porque tienen que utilizarse muchas más disciplinas en la sesión de entrenamiento. Un orador de un seminario dispensa conocimiento, prepara un buen Power Point, y trata de balancear el evento. Entrenar es más sutil. Entrenar requiere que cada parte de la vida y del ministerio del entrenador entren en juego. Entrenar es mucho más intuitivo. El entrenador de confiar en que el Espíritu Santo aparece y realmente creer que Dios está guiando. Yo no llego a mis momentos de contacto de entrenamiento con mis propias motivaciones. En vez de esto, me mantengo completamente dependiente de Dios para guiar cada pensamiento durante mi entrenamiento.

Llego a cada situación de entrenamiento arrodillado y orando que Dios me ayude a ministrar a los entrenadores. ¡Él es el Maestro, Yo soy Su instrumento!

Entrenar es un arte

Entrenar no es una ciencia difícil. Es un arte. Conforme me preparo para cada cita de entrenamiento, siento la importancia de alistarme para tener simplemente la palabra correcta para esa persona en particular.

Me preparo a mí mismo. Estudio al entrenado. Estoy listo con lo mejor de mis habilidades. Mi sangre empieza a fluir rápidamente. Estoy nervioso. Todo está a alta velocidad, mientras me preparo para la cita de entrenamiento.

Finalmente entreno con lo mejor de mis habilidades. Eso es algo que cualquiera puede hacer. Cuando el momento de entrenar llega, sé que he hecho lo mejor que pude para prepararme. Y eso es todo lo que Dios exige de mí.

Entrenar es una combinación que no se entiende fácilmente. El entrenador debe tener una combinación de escucha, una combinación de empatía, y una combinación de enseñanza. Entrenar es tratar de encontrar la combinación correcta para el entrenado. No siempre es claro y conciso. No hay un simple 1, 2,3 para ello. Cada persona es diferente. No creo, de hecho, que un entrenador finalice su labor por completo alguna vez. En cambio, es proceso de aprendizaje continuo.

Se cuando he dado un buen entrenamiento porque lo siento. Otros entrenadores pueden testificar el mismo sentimiento. No sé si un gran entrenamiento pueda definirse. Simplemente sucede. Es una relación continua. Cada vez que hablo por teléfono con un pastor, me vuelvo vulnerable. Estoy tratando de hacer que algo funcione – estamos en el proceso. Como estoy creciendo como persona, siempre estoy cambiando. Entrenar es finalmente Joel Comiskey dando todo lo que tiene para dar.

El entrenador puede fácilmente pensar que él o ella ha dominado el arte de entrenar. Fácil. Rápido. No obstante, es justo en el punto de supuestamente "tenerlo todo resuelto" donde el entrenador puede empezar a hundirse. Probablemente es mejor sentirse insuficiente para que esta insuficiencia nos obligue a depender en el Señor. Sólo Jesús puede hacerlo funcionar. Sólo Jesús puede cambiar personas y cumplir metas y deseos que tienen beneficios eternos.

Entrenar permanece en el campo del misterio. No hay una fórmula secreta para trabajar con gente. Si, es más difícil de esta manera, pero supongo que es la forma en la que debería ser. He tenido momentos mágicos, y he tenido momentos muy difíciles.

He estado alto en las nubes y abajo en la profundidad. Es mejor mantener el entrenamiento en el campo del misterio, para que así siempre aprendamos a depender de Jesucristo para el éxito.

Las evaluaciones te mostrarán cómo va el entrenamiento. De hecho, frecuentemente no sé cómo lo estoy haciendo como entrenador hasta que recibo mis evaluaciones regulares de los entrenados (más tarde hablaré de esto).

DAR SIN LÍMITES A LOS DEMÁS

El entrenar se caracteriza por un espíritu amigable, generoso. El entrenador debe estar listo para transmitir conocimiento de una manera amigable, amable. El entrenador tiene que estar dispuesto a dar todo y a ser completamente abierto y honesto.

Un buen amigo mío, René Naranjo, un arquitecto muy exitoso en Ecuador, me dijo una vez que el siempre trataba de sobrepasar las expectativas de los que compraban casas. Quería que quienes le compraban casas le contarán también a sus amigos, creando un efecto bola de nieve. Esta generosa actitud le ha funcionado maravillosamente a René porque en un país de pobreza y problemas, René siempre ha tenido bastante trabajo, incluso más del que puede aceptar.

En las Escrituras en Proverbios 11:25, "Un hombre generoso prosperará; el que reanime a otros será reanimado". Yo creo en dar información sin límites. Debo dar, dar, y dar un poco más sin esperar nada a cambio. No debo ocultar nada. Todo se pone sobre la mesa. La generosidad reina. La avaricia esta fuera de consideración. Mientras más pueda dar, mejor. Mis entrenados reciben todo lo que tengo.

Pablo dijo en Actos 20:17-21:

> *Desde Mileto, Pablo mandó llamar a los ancianos de la iglesia de Éfeso. Cuando llegaron, les dijo: «Ustedes saben cómo he vivido todo el tiempo que estuve con ustedes, desde el primer día que vine a la provincia de Asia. He servido al Señor con toda humildad y con lágrimas, a pesar de haber sido puesto a prueba por las maquinaciones de los judíos. Ustedes saben que no he vacilado en predicarles nada que les fuera de provecho, sino que les he enseñado públicamente y de casa en casa.*

> *He declarado tanto a judíos y a griegos que deben volver a Dios en arrepentimiento y tener fe en nuestro Señor Jesús.*

Una vez en Eslovaquia, el misionero Kevin Wood, me preguntó acerca de mi metodología de entrenamiento. Compartí con él el concepto de usar todo lo que hay en la caja de herramientas y compartir todo sin límites con el entrenado. Kevin, quien recibió su grado doctoral en consejería, estuvo 100% de acuerdo con mi método de entrenamiento. Dijo, "La consejería como profesión está pasando cada vez mas del modelo de "escucha terapéutica" a ofrecer consejos y hacer que el aconsejado se apegue a ese consejo." Aunque entrenar es distinto a la consejería, ambos acordamos en que un entrenador no debe dudar en hacer todo lo que sea necesario para ministrar al entrenado.

Si amamos a las personas les daremos todo lo que sabemos. La clave está en como compartir el conocimiento. Si solo nosotros hablamos, nunca podremos saber si el que está siendo entrenado ha interiorizado la información. Con frecuencia, el mejor método de enseñanza es hacer preguntas porque cuando el entrenado las responde para sí mismo, sus ideas pueden quedárseles "pegadas".

No obstante, es fácil caer en la trampa de no enseñar y dar información libremente cuando la meta es únicamente escuchar. El hecho es que áquel que está siendo entrenado necesita información para lograr el mejoramiento personal.

UNOS CUANTOS PASOS HACIA ADELANTE

Yo he fallado y he aprendido de mis errores. Entrenar es aún un esfuerzo pionero, y es por eso que estoy constantemente pidiéndole al entrenado que me diga cómo lo estoy haciendo. Necesito saber. Necesito entender.

Crecemos en nuestra habilidad para entrenar conforme salimos y damos entrenamiento. Estar involucrados en la batalla en la mejor manera de aprender y crecer.

El entrenador ha tenido suficiente experiencia en el ministerio como para transmitir sus conocimientos a otros. Estoy infiriendo que el entrenador se encuentra un paso más adelante que el individuo al que está entrenando. Noten que no estoy diciendo que esté mucho más adelantado. Dije un paso adelante.

No necesita estar demasiado adelantado. Necesita estar un poco adelantado. Un gran entrenador deberá haber estado el juego en algún momento. No quiere decir que el o ella fue súper exitoso o exitosa – solo que tiene experiencia. Algunos tienen la impresión de que el entrenador tiene que ser tan bueno o mejor que aquellos a los que está entrenado. No es verdad. El entrenador de pastores de células necesita establecer una sólida carrera ayudando pastores para poder hacerlo. Necesita poder señalar a aquellos que son más fuertes como resultado de su entrenamiento.

Los grandes entrenadores de deportes son estrategas que aman el juego y que han estado en el juego. Sin embargo, lo grandioso de ellos es su pensamiento, conocimiento, personalidad y liderazgo estratégicos. Saben cómo llevar a un equipo al siguiente nivel.

Como entrenador, su trabajo es llevar a la persona al siguiente nivel. Para hacerlo, debe usar todas las herramientas de su caja de herramientas.

Evaluando Qué es lo Que funciona

¿Cómo sabe el entrenador si ha hecho un buen trabajo? La única forma es siendo evaluado con regularidad.

Antes de empezar a darle entrenamiento a alguien les pido que se comprometan a realizar una evaluación trimestral. Yo roto las evaluaciones entre orales y anónimas. Al final del primer trimestre, por ejemplo, le pediré personalmente a cada entrenado si tiene sugerencias o criticas para mi (evaluación en forma oral). Escribo todo lo que digan. Al final del siguiente trimestre, les envío una hoja de evaluación (evaluación anónima). En el apéndice, doy más detalles acerca de estas evaluaciones, e incluso incluyo una copia de muestra de la evaluación anónima.

Pedir evaluaciones de manera regular ayuda a asegurarse de que el entrenado no esté suprimiendo criticas o preocupaciones ocultas. Esto ayudará al entrenado a saber que él o ella tienen una oportunidad de expresar tanto sus preocupaciones como su retroalimentación positiva. Y sobre todo, ayudará al entrenador a mejorar su entrenamiento.

Capítulo 4

PRINCIPIOS QUE HEMOS APRENDIDO
AL ENTRENAR,
por Ben Wong

Uno de los más grandes peligros al entrenar es pensar que necesita ser un experto antes de empezar su jornada de entrenamiento. Yo no esperé hasta ser un padre "perfecto" para empezar mi jornada de paternidad. Me convertí en padre, y luego tuve que aprender como "ser padre" en el proceso.

Nosotros también salimos y empezamos a entrenar, y aprendimos los principios mientras lo practicábamos, aun cuando no teníamos entrenamiento formal.

Nunca he seguido un libro de entrenamiento, que me diga que hacer. Aprendí al hacerlo, y aun estoy aprendiendo en el proceso de entrenar. No creo, de hecho, que una persona llegue alguna vez al punto de dar un entrenamiento perfecto.

La mayoría de los que dan entrenamiento hoy en día, no tienen un titulo en entrenar, pero están llevando a la práctica lo que han aprendido.

A través de los años, he aprendido algunos principios básicos que pueden ayudarte a hacer de entrenar una mejor labor. Estos principios le darán un punto de inicio, pero aun así necesitará aprender la mayoría de las lecciones dentro de la batalla. Solo asegúrese de salir a entrenar con fe y empiece. Incluso estos principios tendrán mucho más sentido cuando lo esté poniendo en práctica.

ENTRENAR ES SERVIR – NO CONTROLAR

Entrenar no se trata de dominar a otros (expandir nuestra

influencia sobre otras personas) No se trata de construir un imperio más grande. Más bien, se trata de servir a otros con todo nuestro corazón.

Entrenar no es expandir nuestra influencia sobre otras personas. No es construir un imperio más grande. Entrenar, es más bien, servir a otros con todo nuestro corazón.

He notado una tendencia entre las mega – iglesias de tratar de acorralar a las iglesias pequeñas bajo su paraguas, (o con una palabra más popular "cubriéndolas") al llamarlas "iglesias afiliadas" o con cualquier otro término solemne. Algunas iglesias requieren que las iglesias más pequeñas cambien su nombre, mientras que a otras les permiten que el nomre se mantenga intacto, siempre y cuando estén cumpliendo con todas las otras reglas.

Por supuesto, algunas de ellas incluso requieren que usted les pague un porcentaje de su ingreso anual por "costos de administración." A cambio la mega iglesia proporciona entrenamiento y recursos, pero probablemente la iglesia afiliada tendrá que ir a la mega iglesia a aprender cómo se hacen las cosas "de la manera correcta" o "de nuestra manera." Unas cuantas incluso llegan al extremo de impartirles su "unción" especial antes de que la iglesia pueda realizar cualquier tipo de ministerio.

Es fácil seguir este camino porque prácticamente todos lo están haciendo. Hace varios años incluso yo mismo quise seguir esa ruta. Le compartí a mi equipo de liderazgo que necesitábamos aclarar el tipo de relación que teníamos con todas las iglesias, que habían hecho redes con nosotros. Quería categorizarlas de acuerdo con su grado de compromiso con nosotros. Íbamos a tener iglesias "hijas", iglesias afiliadas, iglesias en red y otras categorías.

Decidimos hacer esto, y lo comunicamos a toda la congregación. Todos parecían estar emocionados. Sin embargo, Dios puso una inquietud en mi corazón.

Un día, mi más cercano asociado me preguntó, "Ben, ¿como es que no ha pasado nada con nuestra nueva visión?" le dije que por alguna razón no estaba en paz con seguir adelante con ella, incluso aún cuando era mi idea. Le dije que decidí escuchar mi corazón y poner en pausa cualquier acción.

Luego le pregunté, "¿Qué hay de ti? ¿Cómo te sientes con esto?" Me dijo que sentía inquietud desde un principio, pero que no me lo dijo porque yo estaba tan emocionado con todo el asunto. Después indagué y una varios líderes clave tenían dudas de la visión.

Finalmente, decidimos descartar la nueva visión. Hasta este momento, nosotros no aclaramos quién es quién en la red.

Entrenar tiene sus orígenes en el entendimiento de que el Nuevo Testamento está bajo el mandato de Jesús. Entrenar es reconocer que todos somos parte del cuerpo de Cristo. Entrenar es el captar el Espíritu de Jesús quien vino a servir y no a ser servido. Entrenar no es que te importe "mi iglesia" sino que te importe "nuestra iglesia". Aun cuando en la actualidad esto es un pensamiento radical, es el pensamiento bíblico correcto que todos debemos de tener.

De la misma forma, el entrenador nunca trata de controlar al "entrenado".[9] No deberá intentar dictar lo que el entrenado debe hacer: "Tú debes hacer lo que digo". Al contrario, la labor del entrenador es servir al entrenado. El entrenador debe ayudar al entrenado a entender las esencias bíblicas de la iglesia y después permitir que el Espíritu lo guíe.

---

[9] Este es el término que utilizaremos para la persona que está siendo entrenada.

El entrenador no deberá tratar de beneficiarse del entrenado. Esta es la razón del porque en nuestra red de entrenamiento nuestro servicio de entrenar es voluntario. Con nosotros, un pastor no tiene que pagar para ser entrenado. En realidad, la mayoría de los pastores que necesitan entrenamiento están pastoreando iglesias muy pequeñas, y les sería muy difícil pagar una cuota por entrenamiento.

Lo que es más, la cultura del Este de Asia se siente de por sí obligada a repagarle al entrenador por su servicios, así que nosotros enfatizamos el punto de que no hay costo ni obligación al recibir entrenamiento – excepto "pagarlo de vuelta" a alguien más en el futuro. Como dijo Jesús, "Lo que ustedes recibieron gratis, denlo gratuitamente." (Mateo 10:8).

ENTRENAR SE TRATA DE LA PERSONA COMPLETA

Puesto que la iglesia se trata de las personas, necesitamos enfocar nuestros esfuerzos de liderazgo en formarlas. Si fallamos en hacer discípulos que sigan a Jesús en sus vidas de los miembros de la iglesia, entonces nosotros fallamos tanto como iglesia. Para poder ayudar a crear discípulos, debemos interesarnos en la vida completa de la persona, no solo en como él o ella se desempeña en las actividades de la iglesia.

Ya que la iglesia se trata de las personas, necesitamos enfocarnos en formarlas. Si fallamos en hacer de los miembros de la iglesia verdaderos seguidores de Jesús, entonces nosotros fallamos y también la iglesia. Para poder crear discípulos, debemos interesarnos en toda la vida de la persona, no solamente en cómo se desempeña en las actividades de la iglesia.

De la misma manera, cuando estamos entrenando a un pastor, necesitamos estar interesados en la persona completa, y no solo en como él o ella ministra. En realidad, es imposible separar a una persona del ministerio, aun cuando así hayamos intentado hacerlo en la iglesia. ¡Al entrenar a los pastores debemos cuidar al ser humano completo!

Por experiencia, casi cada pastor que he entrenado (o que he conocido a través de redes de entrenamiento) nunca había tenido alguien que cuidara de su desarrollo personal. Cuando un entrenador muestra interés en esta área de la vida del entrenado, ellos muestran sorpresa y agradecimiento de que alguien realmente le importen ellos.

La mayoría de los pastores están en luchando con relaciones tanto en casa como en la iglesia. La relación con líderes (ya sea el equipo o líderes laicos) es un problema típico. Ayudar a un pastor a abrirse camino al éxito es muy importante.

Otra área de necesidad entre los pastores es mejorar su relación con su esposa y sus hijos. Esta es un conflicto constante para los pastores, pero por lo regular no tienen nadie a quien acudir por ayuda.

Las culturas del Este de Asia son culturas de deshonra. Somos educados con nuestros padres marcándonos la importancia de no traer deshonra a nuestra familia. Es por esto que debemos dar lo mejor de nosotros para desempeñarnos bien en todo lo que hacemos – especialmente en la escuela. Si no nos desempeñamos bien, traemos deshonra a nuestra familia.

Para nosotros es muy difícil manejar el fracaso. Fracasar es deshonra. Es muy difícil para nosotros admitir que estamos equivocados o que necesitamos ayuda. Los chinos tienen un dicho: "¡La deshonra de la familia no debe saberse fuera de la familia!". Las personas fuera de la familia no deberían nunca saber de los problemas que suceden al interior de la familia. Es por eso que es muy difícil para nosotros el buscar ayuda cuando hay problemas en nuestro matrimonio o nuestra familia.

En nuestras redes de entrenamiento, los entrenadores comparten abiertamente los conflictos dentro de sus propias vidas (incluyendo la vida familiar). Compartir abiertamente tiene siempre un gran impacto en los pastores que asisten. Por lo menos el 50% de los pastores descubren que una de las más grandes bendiciones de ser parte de una red de entrenamiento es el compartir de forma transparente acerca de las relaciones familiares.

Jack (no es su nombre real) era un típico líder de arriba abajo, había enseñado este modelo toda su vida de ministerio. Como pastor, manejó la iglesia por sí mismo y tomó todas las decisiones de forma personal. Las personas que no estuvieron de acuerdo con él, o permanecieron en silencio o dejaron la iglesia.

El gobernaba su vida de hogar de la misma manera. Había poca o ninguna comunicación en el hogar. La relación entre él y su esposa estaba a punto de desintegrarse porque su esposa estaba deprimida. Sentía que su esposo nunca trató de entenderla a ella o a sus hijos. La iglesia siempre esta primero, y la familia no tenía derecho a opinar en esto.

La red de entrenamiento cambió esta situación. Jack se fue a casa con un nuevo entendimiento de la iglesia como una familia. Se dio cuenta de que había estado desatendiendo a su propia familia. Comenzó a honrar a su esposa y a sus hijos. Su matrimonio tomó un nuevo rumbo para mejor, y ambos comenzaron a venir a los seminarios de la red de entrenamiento con una gran sonrisa en sus rostros.

Los pastores asiáticos necesitan hábitos bíblicos para contrarrestar los malos hábitos heredados de la cultura. Un hábito bíblico es pensar positivamente en vez de pensar negativamente. La mayor parte de nuestra cultura es excesivamente negativa. Cuando pensamos en otras personas, nos fijamos en lo negativo. Incluso cuando oramos por las personas estamos pensando en todas las cosas negativas de sus vidas. La negatividad es probablemente para nosotros el mayor destructor de relaciones.

Sin embargo, la Biblia nos da una nueva cultura –una nueva forma de vida. "En síntesis, amigos, diría que lo mejor que pueden hacer es meditar y llenar sus mentes con verdaderas, nobles, honrosas, auténticas, admirables, graciosas – lo mejor, no lo peor; lo hermoso, no lo feo; cosas para adorar, no cosas para maldecir." [10]

Llenar nuestras mentes con cosas nuevas (cosas nuevas y positivas) y meditar en ellas es nuevo hábito que todos necesitamos establecer.

Sólo un pequeño porcentaje de líderes Cristianos termina en victoria la carrera hoy en día. Robert Clinton mencionó de su estudio de líderes que menos de uno en tres líderes terminan bien, y el número es aún menor actualmente. En su estudio de cientos de líderes Cristianos los cuales terminaron bien, identificó seis características que los ayudaron a finalizar bien. [11] Todas estas características tienen que ver con la vida del líder.

Necesitamos ser responsables uno del otro, para que podamos terminar bien. La integridad de vida es crítica para el pastor. ¡Una de las trampas más grandes para un pastor es la decepción! El pastor puede llegar a ser un personaje de escenario, siempre viéndose bien en el escenario pero ser una persona totalmente distinta fuera de él.

Es tan fácil ser falso. El problema es que algunos pastores se convencen a sí mismos de que como hablan de ideales, ellos verdaderamente están viviendo esas verdades. En realidad, solamente se están engañando a sí mismos. La Escritura nos

---

[10] Filipenses 4:8 (El Mensaje).

[11] Dr. J. Robert Clinton, Terminando Bien, 1999.

dice, *"El corazón es engañoso por sobre todas las cosas y más allá de lo remediable."*[12]

Al entrenar tiene que tratarse con la vida de la persona. Por supuesto, al tratar con la vida de otra persona, siempre se refleja nuestra propia vida, y el entrenador tiene también que cambiar. Necesitamos construir una relación de confianza entre el entrenador y el entrenado. La red de entrenamiento necesita tener la atmósfera de "somos una familia." Necesitamos confiar uno en el otro y sentir la seguridad que cada uno de nosotros aporta. Necesitamos desarrollar una atmósfera de confianza, para que podamos compartir libremente y no temer ser juzgados.

La iglesia se trata de la vida, más que de métodos, así que necesitamos estar abiertos a tratar con la vida. No hay nada vergonzoso en admitir que necesitamos crecer en una cierta área de la vida. No hay nada vergonzoso en admitir que hemos fallado. El fracaso es la madre del éxito.[13] Si hemos fracasado, podemos fracasar con dignidad si nos tomamos el tiempo de descubrir la lección para aprender del resultado fallido.

ENTRENAR ES UNA PRIORIDAD

Es esencial pasar tiempo con el entrenador. No podemos construir relaciones sin tomarnos tiempo para estar uno con el otro. Tomarse tiempo significa hacer un compromiso del entrenar.

Tommy nunca había sido entrenado como entrenador, pero cuando le preguntaron si le gustaría entrenar a otros pastores, el dijo "sí" inmediatamente. El no es un pastor famoso, y no muchas personas lo conocen. No tiene una iglesia grande, pero estaba dispuesto a entrenar.

---

[12] Jeremías 17:9.

[13] Este es proverbio Chino.

Actualmente, Tommy es uno de los mejores entrenadores que conozco en Japón, y es también una inspiración para otros pastores. Tiene un verdadero corazón para entrenar. El trata a sus entrenados como amigos. El y su esposa pasan tiempo con los entrenados y sus esposas. Ellos están ahí cuando el entrenado tiene una crisis. Los entrenados dicen que nunca habían tenido a alguien a quien le importaran tanto como a Tommy. Un entrenado dijo, "Si no hubiera sido por Tommy, yo ya hubiese renunciado a ser pastor. El es un gran amigo para mí."

En el comienzo, muchos entrenadores veían como una buena idea el que les importara otro pastor, y se comprometían a convertirse en entrenadores. Sin embargo, no era una prioridad principal para ellos. Era más como un trabajo.

Durante el tiempo de evaluación, estos mismos entrenadores con frecuencia decían que habían estado ocupados y que no tenían suficiente tiempo para reunirse con el entrenado. Algunos llamaban por teléfono al entrenado uno o dos veces al mes o ni siquiera se molestaban en llamar.

Por otro lado, en los pocos años que he estado en la red de entrenamiento, vemos muchos entrenadores como Tommy que verdaderamente valoran el entrenar. Entienden que entrenar no es para ellos un extra opcional. Se dan cuenta de que entrenar es parte de la Iglesia de Jesucristo, y se están tomando más tiempo para ir y reunirse con los entrenados y ministrarlos.

Puesto que los entrenadores en la red de entrenamiento no tienen nada monetario que ganar a través de su entrenamiento, su compromiso y tiempo es una motivación de corazón.

ENTRENAR ES UNA RELACIÓN

El entrenador debe convertirse en un amigo para el entrenado. Antes de hablar del ministerio, el entrenador debe construir una relación con el entrenado.

Mark ni siquiera era una persona sociable, pero fue capturado su corazón para entrenar a otros pastores en conflicto. Ahora entrenar es una pasión para él. Pasa mucho tiempo lejos de su iglesia mientras está entrenando a pastores, pero su iglesia está mucho mejor ahora que antes porque muchos de sus miembros se han levantado y se han hecho responsables.

Lo increíble es que ahora Mark ha cambiado hasta convertirse en un persona sociable. Ha cambiado a través de su profundo deseo de ayudar a otros pastores en conflicto. El darse cuenta de que entrenar se lleva a cabo mediante una relación y que la primera esencia de la iglesia es la relación le ha dado mucha motivación para cambiar. El aún es joven pero está dando entrenamiento de forma activa en su región.

Dios nos ha llamado a disfrutar nuestra relación con Él y con otros. No obstante, en mi parte del mundo no sabemos disfrutar la vida con Dios y con otros. Por lo tanto, ministrarlos tampoco es disfrutado. Sabemos que tenemos problemas si:
• No estamos disfrutando nuestra vida en nuestro matrimonio.
• No estamos disfrutando nuestra vida en nuestra familia.
• No estamos disfrutado la vida como persona.
• No estamos disfrutando nuestra vida con nuestra gente.
Si estas cosas son verdad, entonces el ministerio no es disfrutado o divertido. ¡Uno de los roles principales del entrenador es ayudar al entrenado a relajarse y divertirse!

Entrenar es Motivar

John Maxwell dice:

> *Todos necesitan motivación. Y todos – jóvenes y viejos, los exitosos y los menos que exitosos, desconocidos o famosos – los que reciben motivación son cambiados por ello. El impacto de la motivación pude ser profundo. Una palabra de aliento de un maestro para un niño puede cambiar su vida. Una palabra de aliento de un cónyuge puede salvar un matrimonio. Una palabra de aliento de un líder puede inspirar a una persona a alcanzar su potencial."[14]*

Todos necesitan motivación. Sin embargo, no es de los asiáticos reafirmar a otros. Somos básicamente negativos y nos enfocamos en reafirmar las debilidades de otros pero no lo bueno. Somos expertos en señalar los defectos de otros. La mayoría de los pastores tienen mucha presión puesta en ellos. Parece imposible para el pastor el satisfacer a su congregación, así que él siempre siente que algo anda mal con él.

Que alguien crea en un pastor, lo motive, y realmente saque lo mejor que hay en él es verdaderamente un milagro. Si el pastor es motivador, entonces será una persona de suma importancia en la vida de su entrenado. La mayoría de las personas no necesitan tener más conocimientos. En cambio, simplemente carecen de confianza. Les falta la confianza de que son valiosos y útiles en las manos del Señor. Necesitan ser edificados, para que su nivel de confianza aumente.

Un término chino para referirse a motivar es "bombear aire" para inflar. Cuando motivamos, estamos bombeando aire dentro de la persona para que él o ella puedan levantarse y ser fuertes. Lo opuesto es desinflar, o hacer a la persona suave y débil de tal

---

[14] John Maxwell, *La Motivación lo Cambia Todo: Bendice y Sé Bendecido.*

forma que no hay fuerza ni siquiera para ponerse en pie.

Incluso expresar amor hacia el entrenado es de suma importancia para él / ella. Los asiáticos del Este no son buenos para expresar amor. Dentro de nuestra cultura no nos tocamos unos a otros cuando nos saludamos. En vez de esto, sólo hacemos una reverencia. Muchas personas nunca han experimentado el amor incondicional; crecen con amor que es muy condicionado y basado en el desempeño de la persona.

El amor – no la teoría – edifica a una persona. Al amar al entrenado, él/ella pueden amar a sus congregados de la misma manera.

En uno de los seminarios de la red de entrenamiento, compartimos la esencia de cómo la relación es clave para la iglesia. Compartimos cuán importante es expresar amor. Mostramos como abrazar a alguien y les pedimos practicarlo unos con otros (aquellos del mismo sexo). En los tres meses siguientes, se esperaba que el entrenador diera seguimiento a como los entrenados habían aplicado la esencia de lo que habían aprendido.

Una de las entrenadoras regresó y compartió el mensaje con su iglesia. Había experimentado el ser lastimada por otra pareja en el equipo de liderazgo. Durante el mensaje, abrazó a la esposa de la pareja y le dio la mano al esposo. El Señor comenzó a obrar, y rompieron en llanto. El resto de la congregación comenzaron a abrazarse los unos a los otros, y Dios hizo algo importante en esa iglesia en ese día. ¿Qué sucedió? Solo un simple acto de obediencia de expresar amor unos a otros. Ese es el poder de la motivación.

ENTRENAR ES ECHAR MANO DE MUCHOS RECURSOS

Es importante darse cuenta de que pertenecemos a la misma iglesia, y que no estamos solos. Incluso como entrenador, tenemos los recursos de la red entera para echar mano de ellos. Todos los otros entrenadores son recursos para nosotros. Todas las iglesias de los otros entrenadores son recursos para nosotros.

Puesto que somos parte de una red, debemos aprender a funcionar como tal. Un solo entrenador está limitado. Las experiencias de un solo entrenador son mínimas.

Es por eso que la red de entrenamiento es una idea tan maravillosa.

En la red de entrenamiento de Hong Kong, los entrenadores se unen en grupos pequeños. Los entrenadores que están en el mismo pequeño grupo comienzan a entrenar juntos y descubren que todos ellos tienen distintas fortalezas. Trabajar juntos ha enriquecido su experiencia de entrenar y le ha dado a los entrenadores mucha más variedad de ayuda conforme son mayores sus recursos conjuntos.

Cuando estoy siendo mentor para un individuo en mi iglesia, con frecuencia expongo a esa persona a otros que son más fuertes en áreas distintas. Yo no puedo ser un ejemplo de cada área de la vida para la persona que estoy entrenando. Necesito al cuerpo de Cristo para hacer esto. Por ejemplo, en mi iglesia, tengo un buen amigo, Malcolm, quien es fuerte en evangelizar a las personas. El es bueno para compartir de forma natural el evangelio conversando con otros, así que me gusta exponer a las personas a Malcolm. He descubierto que un par de horas con Malcolm puede abrir los ojos a alguien en formas que yo jamás podría hacerlo. Un entrenador no debe sentirse amenazado por otros pastores que son mejores que él o ella en algunas áreas del ministerio y de la vida.

Utilizar lo que otras personas están haciendo puede lograrse también a través de libros, materiales, artículos de Internet, sermones, y muchos otros recursos. La clave principal es no limitar el entrenamiento a tus propios talentos, experiencia, conocimiento y dones.

Entrenar es Ayudar a la Persona a Confiar en Dios

Pablo dice que las personas lo imiten como el imita a Cristo. Sin embargo, Pablo también dice que quiere traer a las personas a Dios. La clave para el entrenador es ayudar al entrenado a confiar en el Espíritu Santo. Si al entrenado le falta sabiduría, solo Dios[15] puede verdaderamente suministrar el conocimiento necesario. El trabajo del entrenador es ayudar al entrenado a encontrar la sabiduría ilimitada de Dios.[16]

A muchos pastores simplemente les falta fe en Dios. Yo entreno a los pastores siguiendo esta línea de pensamiento: "Dios lo dice. Yo lo creo. Eso lo resuelve." Necesitamos volver a esperar en las promesas de Dios y simplemente obedecerlo.

El entrenado necesita imitar a Jesús, el que profesamos a seguir. Si él no sabe que es lo mejor para hacer en una situación dada, el entrenado puede entonces preguntarse, "¿Qué haría Jesús?"

El entrenador no puede estar siempre al lado del entrenado, pero Dios puede.

Ayuda al entrenado a ver a Dios haciendo obras en su vida y en su iglesia. La fe de muchos pastores se debilita conforme continúan sirviendo como pastores. El trabajo del entrenador es ayudarlo a edificar una fe fuerte en Dios y estar en el fuego por Él.

Joseph nunca sintió que Dios lo amaba. Creció en un hogar muy estricto donde su padre no se interesaba en él más que para disciplinarlo. Nunca podía complacer a su padre. Casi cada vez que su padre hablaba, era para reprenderlo por algo que no había hecho bien.

---

[15] Colosenses 1:28-29.
[16]. Santiago 1.5.

Más tarde, Joseph se convirtió en Cristiano. Sintió que Dios era como su padre, siempre reprendiéndolo por no ser un buen Cristiano. Trató fuertemente de complacer a su Padre Celestial, pero siempre se quedaba corto. Como pastor, trabajó duro en llevar a cabo sus deberes, pero nunca sintió que Dios lo amaba o aceptaba.

Mi trabajo como entrenador era ayudar a Joseph a ver y sentir el amor de Dios por él. Con el tiempo, la vida de Joseph fue totalmente cambiada. Su matrimonio y su familia fueron transformados. Y sí, su labor como pastor es mucho más efectiva ahora.

ENTRENAR ES DE IGLESIA A IGLESIA

Entrenar no tiene que ser sólo de pastor a pastor, sino que puede también ser de iglesia a iglesia.

El entrenador debe hacer saber a toda la iglesia que él está dando entrenamiento. Después debe tratar de movilizar a los miembros de la iglesia para ayudar en el proceso de entrenamiento. Hay muchas cosas que el pastor no puede hacer, y tiene que darse cuenta de que los miembros de la iglesia tienen un papel clave en ayudarlo.

Mientras más podamos involucrar a los miembros de la iglesia, mejor. Mientras más miembros puedan captar acerca de que está hablando el pastor, más fácil es cambiar a la iglesia.

Paul es el pastor de una Iglesia Bautista que tiene un Consejo de Diáconos como elemento principal de toma de decisiones. En vez de ir el mismo a entrenar a una iglesia, con frecuencia lleva a algunos de sus diáconos con él y les permite compartir con los entrenados de la iglesia. Ir con Paul le ha abierto nuevas posibilidades para los diáconos. Pudieron visualizar como ellos podrían también ayudar en el proceso de entrenamiento.

En el primer capítulo, compartí la historia de Anna dándole entrenamiento a Catherine.

Sin embargo no mencioné que además de entrenar a Catherine, Anna envió a nueve miembros de su propia iglesia a la iglesia de Catherine. Se convirtieron en miembros de la iglesia de Catherine y han traído una nueva atmosfera a esa iglesia. Son personas comunes pero apasionadas. Pero sus vidas son ejemplares. Ellos están influenciando al resto de los miembros de la iglesia de una manera grandiosa.

Es increíble que una iglesia enviara miembros a otra iglesia para ayudar a esa iglesia. No obstante esta no es la primera vez que la iglesia de Anna ha hecho esto:

• Cuatro familias fueron enviadas para ayudar a otra iglesia. Después de ayudar en una iglesia por dos años, ahora están en como miembros otra iglesia para ayudar.
• Anna está entrenando a otra iglesia, y ha alentado a otra familia de su iglesia a ir a esta otra iglesia para ir a esta otra iglesia para convertirse en miembros y ayudar
• La iglesia de Anna también envió trabajadores de la juventud a otra iglesia ayudarlos a desarrollar el ministerio juvenil.
La idea de enviar miembros para ayudar a otra iglesia es algo única pero muy efectiva, y ahora Anna está tratando de movilizar a más personas a hacer esto.

Entrenar es Ayudar a los Pastores de Iglesias Pequeñas

Las iglesias con las más grandes necesidades son las iglesias pequeñas. En general las iglesias están continuamente presentando a las mega – iglesias como las iglesias que son las exitosas. Los pastores de las mega iglesias son los oradores destacados en seminarios y conferencias. Las revistas y periódicos Cristianos los destacan y las organizaciones los ven como a súper estrellas.

Al hacer esto, estamos en efecto diciéndoles a estas pequeñas iglesias que no son grandiosas.

Las iglesias pequeñas abarcan a la gran mayoría de las iglesias del mundo. Incluso en Corea, la tierra de las mega iglesias, la mayoría de las iglesias son muy pequeñas. La mayoría de los pastores Coreanos son muy fieles y aman al Señor, pero no están haciendo crecer grandes iglesias.

Y el hecho es que la mayoría de las iglesias pequeñas continuarán siendo pequeñas. De hecho no hay indicadores de que Dios quiera que todas las iglesias sean mega iglesias.

Más del 80% de las iglesias en el mundo son de menos de 100 personas. Así que tal vez es la norma de Dios que en promedio una iglesia sea de entre 50 – 80 personas. El hecho es que las iglesias pequeñas son normales. No estamos diciendo que las iglesias grandes estén mal, pero tampoco estamos diciendo que éstas últimas sean la "norma".

La mayoría de los pastores se convierten en pastores porque aman a Dios y desean amar a Su gente. La realidad es que en una iglesia pequeña, esto puede suceder más efectivamente. De hecho para llegar a tener más de 80 personas, el pastor necesitará ser más administrativo, y podría necesitar una habilidad que no tiene. Las grandes iglesias necesitan emprendedores, y muy pocos pastores son así.

El rol de un entrenador es ayudar al entrenado a multiplicar. Toda multiplicación empieza multiplicando las vidas de otros. Conforme llegamos a otros y los hacemos discípulos, estamos ayudando a que se lleve a cabo el proceso de multiplicación. Tal multiplicación puede llevar a la multiplicación de las iglesias. Para multiplicar la iglesia primero necesitamos multiplicarnos nosotros mismos en las vidas de otros.

Una vez que el pastor ha empezado a entrenar a los miembros y ayudarlos a reproducirse, entonces la iglesia estará lista para multiplicarse en iglesias adicionales.

Una iglesia en Japón convirtió su visión al exterior al captar una visión de ayudar a otros pastores a través del entrenamiento. Esta iglesia decidió sembrar diez iglesias en un periodo de cinco años y ya tiene listos para lanzar más de diez nuevos equipos sembradores de iglesias. La iglesia simplemente está esperando anunciar el inicio oficial de esta nueva visión de siembra de iglesias.

Otra iglesia que ha crecido lentamente sintió que Dios les dio la visión de sembrar cuarenta iglesias en diez años. Esta iglesia ya había iniciado unas cuantas iglesias sencillas, todas iniciadas y guiadas por líderes laicos.

Hay unas cuantas otras iglesias en las redes de entrenamiento que ahora se están moviendo en la misma dirección. En unos cuantos años, podremos ver no sólo una red de entrenamiento, sino el nacimiento de un movimiento de siembra de iglesias.

Capitulo 5

ENTRENAMIENTO BASADO EN LA AMISTAD,
por Joel Comiskey

"Mi entrenador nunca pasa tiempo conmigo", confiesa el líder dolido. "El me administra, me dirige, e incluso me da ejemplos de liderazgo de grupos pequeños. Pero lo que realmente quiero es un amigo. Quiero alguien que me lleve a tomar un café, pasar tiempo juntos ocasionalmente."

Como investigador, he pasado muchas horas tratando de descubrir los principios detrás de un entrenamiento efectivo. He buscado fórmulas secretas y misterios ocultos. Cuando finalmente descubrí el principio de la amistad, me avergonzó su simplicidad. Me sentí como el famoso teólogo German quien condensó todos sus años de investigación en una frase: "Jesús me ama lo sé porque la Biblia me dice que así es."

Amistad. Frecuentemente pasamos por alto este simple más sin embargo poderoso principio. Jesús el máximo entrenador, reveló esta sencilla CLAVE en el libro de Juan cuando dijo a sus discípulos " Ya no los llamo siervos, porque el siervo no está al tanto de lo que hace su amo; los he llamado amigos, porque todo lo que a mi Padre le oí decir se lo he dado a conocer a ustedes." (Juan 15:15)

Jesús entró en amistad con doce humanos pecadores, para quienes Él fue mentor por tres años. Comió con ellos, acampó con ellos, y respondió a todas sus preguntas. El autor del Evangelio, Marcos, describe el llamado a estos doce en esta manera: " Designó a doce, a quienes nombró apóstoles, para que lo acompañaran..." (Marcos 3:14)

COMPARTIENDO LA JORNADA

Jesús no solamente enseñó a Sus discípulos acerca de la oración. Más bien, les pidió que Lo acompañaran a sus reuniones de oración. El permitió a sus discípulos que lo viesen orando. Cuando los discípulos finalmente Le preguntaron qué era lo que estaba haciendo, el aprovechó la oportunidad para enseñarles acerca de la oración (Lucas 11:1-4). Lo mismo es cierto con el evangelismo. Jesús evangelizó a las personas en presencia de Sus discípulos y después de esto los instruyó. Aprovechó situaciones de la vida real para explicar cuidadosamente complejos temas doctrinales (por ej. joven gobernante rico en Mateo 19:23).

La mejor enseñanza, de hecho, es de tipo natural, que ocurre espontáneamente. En estos tiempos, los líderes dan entrenamiento mediante una amistad. Todo lo demás fluirá de forma natural.

La palabra jornada verdaderamente describe la relación entre el entrenador y los pastores. Es una jornada. Es un estilo de vida de "llegar-a-conocerte" que continúa en el largo plazo. Conversaciones sin importancia, bromas, y otras actividades contribuyen a la jornada completa de llegar a conocer al pastor. Nunca tomo como tiempo perdido cuando estoy teniendo conversaciones sin importancia con mis entrenados. Trato de empezar mis conversaciones preguntando acerca de la familia y asuntos espirituales.

Entrenar es una jornada de amistad. El entrenador y los pastores caminan juntos en una jornada de amistad, y la jornada crece a través de una amistad relacional - o se arruinará del todo. Las risas, el amor, y la buena voluntad son elementos clave en la jornada del entrenamiento.

La amistad y el respeto son el pegamento que mantiene la relación unida. Si un pastor está constantemente preguntando "¿Qué obtengo yo de esto?" o "¿Esto de entrenar vale el precio que estoy pagando?" la relación está destinada a fracasar.

Parte de la razón de que sea una jornada es porque el entrenador mismo está en una jornada. Él o ella está experimentando cambios en todas las áreas de la vida. Este cambio se reflejará en las sesiones de entrenamiento. El entrenador y el pastor serán diferentes al día siguiente.

Un día el podría haber leído información de un libro que se relaciona con las experiencias de ese periodo de tiempo. Hoy esa misma información se aplicará en un contexto distinto. Quien soy yo como entrenador es diferente de quién seré mañana. Conforme crezco como persona, podría enfatizar ciertas cosas por encima de otras. Ha habido momentos cuando he enfatizado fuertemente el evangelismo. Otras veces me he enfocado en entrenar o entrenar. Sólo depende de lo que Dios me esté mostrando o las circunstancias que estoy enfrentando en mi propio ministerio.

La Autoridad Relacional que Surge de la Amistad

Karen Hurston, quien creció en la iglesia de David Yonggi, cuenta la historia de dos líderes celulares, el primero un líder refinado, talentoso, quien no podía hacer crecer su grupo celular, y el otro, un líder débil, con tropiezos, cuyo grupo estaba desbordándose. ¿La diferencia? El último estaba involucrado en la vida de los miembros de la célula, mientras que el anterior sólo llegaba a liderar una buena reunión. Todo se trata de las relaciones.[17] Esta lección se aplica directamente a los entrenadores y entrenados.

---

[17] Firebaugh, Todo se trata de las relaciones (Houston, TX: El Entrenador es la Clave, 1999), p. 41.

Greg Popovich entrena a los Spurs de San Antonio, un equipo de la NBA que ha ganado el campeonato de la NBA cuatro veces bajo el entrenamiento de Popovich. Una razón por la que los jugadores respetan a Popovich es por que el es personal y tiene gran don de gente. Popovich se ha ganado la lealtad de sus jugadores conociéndolos fuera de la cancha. El guardia de punto Tony Parker dice, " Aquí se siente como una pequeña familia." El veterano defensa Brent Barry dice, "El tiene el pulso del equipo" Egan dice, "El realmente se conecta con los jugadores."[18]

Popovich no solo es excelente en técnicas de entrenamiento, sino también en llegar a conocer a sus jugadores "como una familia". El tiene el respeto de sus jugadores debido a la autoridad relacional que ha establecido.

La autoridad relacional que surge de la amistad es el tipo de autoridad que un entrenador puede mejorar continuamente porque está basada en sus relaciones, más que en la posición, conocimientos, o espiritualidad. El entrenador puede crecer la autoridad relacional haciéndose amigo del líder. El conocimiento, habilidades de entrenamiento, resolución de problemas, dinámicas de grupo y otras técnicas pueden tener un papel importante en el éxito del entrenador. Pero lo que un entrenado realmente necesita es alguien con quien llevar su carga, compartir la jornada, que le sirva como una caja de resonancia.

Estoy cada vez más conciente que lo más importante que puedo hacer es permitir que las personas vean mi verdadero yo y como resultado desarrollar una relación profunda.

---

[18] Citado en "Silenciosamente, Popovich se está convirtiendo en uno de los grandes". Accesado en Junio de 2007 desde http://www.usatoday.com/sports/basketball/nba/spurs/2007-06-13-popovich_N.htm

Un pastor a quien yo estaba entrenando me llamó durante la semana para discutir un problema particular que tuvo en su propio grupo de vida la noche anterior. Su esposa embarazada estaba lista a renunciar al ministerio porque una pieza del mobiliario se dañó debido oa un niño que estaba fuera de control. El pastor sintió la libertad de llamar porque habíamos establecido una amistad.

Claro, llegar a ser amigos puede ser difícil debido a las restricciones de tiempo y espacio de iniciar y mantener una amistad, pero esto debe ser una prioridad para cada entrenador, tanto como sea posible.

Más que Resultados

Entrené a un pastor quien veía nuestra relación como un experimento con obtener un cierto beneficio financiero. Siempre estaba pensando en dólares y centavos. Se enorgullecía de su enfoque blanco y negro de la vida, y sentí su espíritu crítico. Quería medir si mi tiempo con el valía la pena o no.

Si un pastor está solamente enfocado en el dinero y que es lo que el obtendrá de esto, pondrá presión para deshacer la relación de entrenamiento. Dentro de la jornada de amistad entre el entrenador y el entrenado, surgirán momentos en los que enseñar será apremiante, y el entrenador puede verter nueva información en la vida del líder. Otros momentos son más mundanos en los que nuevamente parece que nada está sucediendo. De nuevo, todo se trata de la jornada de entrenamiento.

El pastor Jim Corley y yo somos buenos amigos. Yo entrené a Jim por tres años, volando a Arizona cada mes. Durante cada uno de mis viajes, pasábamos un día y medio juntos.

Nuestro tiempo de entrenamiento incluía conversaciones sin importancia, discusiones serias, disfrutar una comida juntos, reunirnos con el equipo de trabajo y los líderes, y beber mucho café. Descubrí que mi entrenamiento crecía en autoridad conforme pasaba tiempo con Jim y desarrollaba una amistad con él.

La amistad hace que sea fácil entrenar a un pastor. Sin amistad la jornada se fragmenta y dificulta. La amistad lo ensambla todo. La diversión, las risas, y preguntar cómo están los hijos son todo parte de la dinámica de entrenamiento. Apartado de esto, el entrenamiento crece siendo informal y no productivo.

Algunos pastores sólo quieren hablar de negocios - aunque los negocios son sólo una parte de la relación de entrenamiento. La amistad y estar en una jornada son parte del paquete completo.

Yo sí pienso que un pastor debe esperar resultados. El entrenador debe darse cuenta de que se supone que él o ella ofrecen apoyo de calidad en todo momento y deben estar disponibles para dar ese apoyo. Sin embargo, entrenar es más que resultados.

La amistad relacional es el pegamento que mantiene todo unido.

La tendencia del entrenador es querer hacer mucho. Esto es un deseo razonable, pero es igual de importante dejar suficiente tiempo disponible para llegar a conocer al líder. Si todo es negocios, el entrenador no podrá hablar a la vida del entrenado en un nivel más profundo.

Fluctuaciones y Decaídas

Imagina un arroyo que corre y un pequeño estanque en el que fluye el arroyo. Hay ocasiones en que la intensidad de la experiencia del entrenamiento está en su nivel máximo como el agua en un arroyo que corre. Otras ocasiones parece que nada está sucediendo así como el agua del tranquilo estanque. El entrenador continúa haciendo lo mismo, pero parece que no sucediera nada emocionante.

Algunas veces habrá más iluminación que otras. Habrá semanas donde nada cuaja, y no hay nada nuevo. Esas semanas serán opacadas por semanas de gran emoción e iluminación. Los cambios con frecuencia llegan a chorros.

A veces el individuo que está siendo entrenado puede reportar grandes estadísticas, mientras que otras veces, el sólo puede ver el valle. Escribí en mi diario acerca de un pastor que entrené, "He estado un punto alto después de que logramos la meta de la célula, pero ahora estoy en un punto bajo - ¡sólo alrededor de cuatro meses después! ¿Por qué? Varios líderes clave se han ido y el pastor se siente desanimado."

Estas son las fluctuaciones y decaídas del ministerio celular. Es natural y normal y es parte del proceso. En esas semanas cuando las ideas abundan y se dan grandes pasos, el entrenador podría trabajar el doble de tiempo. Podría compensar los intervalos de las siguientes semanas y meses.

Si, el entrenador debe trabajar diligentemente para asegurarse de que esas fluctuaciones y decaídas sean naturales y no el resultado de su incompetencia o falta de dirección, pero el entrenador sí necesita saber de antemano que ocurrirán.

CONFIDENCIALIDAD

Un elemento clave de la jornada de la amistad es la seguridad de confidencialidad. El entrenado debe estar seguro de que todo lo que se comparte se queda entre él y el entrenador.

El entrenador debe ser sumamente claro acerca de esto. Sólo recuerde que el entrenado está compartiendo su alma con usted. El está abriendo una parte de su existencia misma. Así como un consejero profesional, el entrenador no deberá compartir información confidencial que haya recibido de alguien más, y no deberá revelar la información compartida por el entrenado. *Lidera como Entrenador* dice:

> *La tentación de atraer personas a tu confianza por medio de compartir información personal o de criticar a otros puede ser irresistible. La ganancia a corto plazo con frecuencia es un sentimiento de confianza especial con su confidente. Pero cuando usted comparte confidencias o criticas con las personas, a larga corrompe su disposición a compartir con usted su vulnerabilidad, debilidades, y preocupaciones.[19]*

El ambiente de entrenamiento es el lugar donde el entrenado puede compartir la verdad, y ese ambiente necesita ser seguro. En algunos momentos se complica porque el entrenador quiere entregar todo lo que sabe al entrenando,

---

[19] David B. Peterson yMary Dee Hicks, Lider como Entrenador: *Estrategias para Entrenar y Desarrollar a Otros* (Minneapolis, MN: Personnel Decisions International, 1996), p. 43.

y parecería beneficioso hablar de las experiencias de otro entrenado.

Cuando se entrena a iglesias, si comparto ejemplos de otras iglesias, es sólo a un nivel muy positivo, apreciando lo que otro pastor está haciendo por el bien de la motivación, sin entrar en detalles. De hecho, cuando hablo positivamente de otros entrenados, el que estoy entrenando se da cuenta de que también lo o la honraré frente a otros pastores.

Incluso en tiempos difíciles, el compromiso del entrenador es nunca hablar mal de alguien más. Stephen Covey ha enfatizado el hecho de que cuando alguien habla mal de alguien más, la persona con la que está hablando se sentirá insegura, sabiendo que el podría ser tema de chismes futuros. Evite el chisme y manténgase limpio.

SUGERENCIAS PRÁCTICAS

Seamos prácticos. ¿Cómo puede usted, el entrenador, hacer amistad con esos líderes de grupos pequeños bajo su cuidado? aquí tiene unas cuantas sugerencias:
• Invite al líder a su casa, si es posible. Permítale ver a su familia, su perro, su vida.
• Salga a tomar un café con la persona.
• Comience el entrenamiento preguntando por la familia, el clima o cualquier otro detalle personal.
• Envíe al líder una tarjeta de cumpleaños, una nota por su pronta recuperación, o una peculiar carta de humor.
• Invite al líder a practicar deportes con usted, o alguna otra actividad de la vida diaria.
• Ore diariamente por la persona (lo cual solidificará su amistad espiritual).

TODOS PUEDEN SER UN AMIGO.

Probablemente sabía el principio de la amistad desde antes.
Si no, le animo a empezar a edificar un relación sincera,
cariñosa, con aquellos a quienes está entrenando. Como
yo, descubrirá como una verdad tan simple puede tener un
impacto poderoso en la vida de las personas.

_____Capitulo 6_____

LOS PASTORES COMUNES PUEDEN ENTRENAR,
por Ben Wong

La idea de entrenar pastores e iglesias es aún relativamente nueva. en el contexto asiático, nadie consideraría entrenar a un pastor o a una iglesia a menos que esté entrenado y certificado por una organización que se especialice en ayudar a iglesias y a entrenar entrenadores. (por ej. Desarrollo Natural de Iglesias, Ministerios Internacionales CoachNet, Soluciones en Entrenamiento de Iglesias, etc.)

Aún así, hay muy pocas personas que se dedican a esto. La credibilidad es un tema sumamente importante. Un pastor podría pensar "Si alguien no ha pastoreado "exitosamente" una iglesia, ¿como puede entrenarme? Después de todo, puede alguien que no sabe jugar basquetbol, entrenar a un basquetbolista? ¿Puede alguien que no es doctor entrenar a futuros doctores?

Hace muchos años, reuní a un grupo de pastores quienes estaban dispuestos a entrenar y también a un grupo de pastores que querían ser entrenados. Les expliqué los emparejaría - personas que querían ser entrenadas con aquellos que estaban dispuestos a entrenar. Les dije que siempre podían hacer cambios después.

Después de unos cuantos meses, descubrimos que el entrenamiento no funcionó. Conforme evaluábamos por qué, descubrimos que la razón es que para los chinos es muy difícil decirle a alguien, "Ahora yo soy tu entrenador." Nos dimos cuenta que para muchos chinos también es difícil reconocer a un igual como entrenador. El experimento completo de desarrollar más entrenadores fue un gran fracaso. ¡Nunca sucedió!

Llegué a darme cuenta de que para que pastores comunes
entrenaran a otros pastores en la cultura Asiática, necesitábamos
construir una nueva cultura. Necesitábamos una cultura en la
cual entrenar no se tuviera como una gran cosa. Necesitábamos
ayudar a las personas a entender que entrenar no es solo para
profesionales y personas altamente calificadas. De hecho, una
persona no necesita estar formalmente entrenada y certificada
como entrenador para entrenar.

AYUDANTES DE PERSONAS

Gary Collins escribió un libro llamado Cómo ser Un Ayudante
de Personas, en el cual el insiste en que la consejería no es
únicamente para personas especialmente entrenadas, sino para
Cristianos comunes. El cree que la consejería es una parte clave
de lo que significa ser la iglesia, la amorosa comunidad de la gente
de Dios. Algunos escogen llamarlo "ayudar a las personas" pero
en esencia, Collins argumenta que es "consejería". El dice:

> *Muchas personas pueden ser eficaces ayudantes de personas
> aún cuando tengan poco o ningún entrenamiento. Otros
> términos para describir esto son proporcionar cuidado,
> motivación, satisfacer necesidades, llegar a alguien, dar
> apoyo, o ayuda de un amigo a otro.*
>
> *La consejería puede y debe ser una parte vital de la iglesia.
> Las personas tienen problemas y ayudar a las personas con
> sus problemas es una parte básica de la vida comunal de
> la iglesia. Este cuidado no es tarea sólo del pastor o de
> consejeros profesionales entrenados sino que el Cristiano
> normal también debe ser responsable de satisfacer las
> necesidades de otros.[20]*

---

[20] Gary R. Collins, *Cómo ser un Ayudante de Personas* (Wheaton, IL: Editorial Tyndale
House, 1995).

Cada Cristiano debe estar involucrado en ayudar a las personas. algunos tienen conocimientos especiales en este área, pero cada Cristiano tiene oportunidades de ayudar a las personas en otras áreas de la vida diaria. De hecho, muchas personas prefieren hablar de asuntos desafiantes con alguien que no sea profesional. Estos Cristianos "comunes" puede tener un poco o nada de entrenamiento, pero no obstante, ellos pueden tener un impacto significativo.

Todos sabemos que el evangelismo no es únicamente para el trabajador de iglesia entrenado o para evangélicos talentosos sino para todas las personas en la iglesia. Que se le dé importancia al necesitado no es trabajo exclusivo de trabajadores sociales capacitados, sino para todos aquel que sigue a Jesús y que está dispuesto a amar a "su vecino".[21]

No estamos desacreditando a aquellos que están especialmente entrenados para dar consejería a otros o que tienen el don y están entrenados para ser evangélicos. Pero estamos diciendo que todos necesitan estar comprometidos en el trabajo de consejería y evangelismo en niveles que estén dentro de sus habilidades.

De la misma forma, cada pastor necesita estar comprometido en la labor de entrenar. Y de ser necesario, por qué no llamarlo simplemente "pastor que ayuda". Muchos pastores pueden ser eficaces ayudando a otros pastores con poco o nada de entrenamiento. Lo importante es que no necesitas ser un entrenador entrenado para entrenar.

De hecho, es importante para nosotros el tener un movimiento de entrenamiento que no esté basado en el entrenamiento y

---

[21] Cuándo a Jesús se le preguntó quien es mi prójimo, el respondió con la Parábola del Buen Samaritan, que nos habla de que nuestro prójimo no es la persona que vive al lado de nosotros sino alguien en necesidad que no puede ayudarse a sí mismo. (Lucas 10:29-37).

calificación formales sino que esté basado en el deseo de corazón de querer ayudar a otros pastores y entonces ir aprendiendo cosas nuevas a lo largo del camino.

Collins escribe:

> *No debemos asumir que aprendemos a ser líderes de gente eficaces sólo por leer un libro, tanto como puedes aprender a tocar el piano o a nadar por leer un libro. Ayudar a las personas incluye la interacción con otros. Los mejores ayudantes de personas son aquellos quienes practican sus habilidades para ayudar y quienes están involucrados en las vidas de otros.*[22]

ENTRENANDO REDES

Hace cuatros años, se me ocurrió la idea de una "Red de Entrenamiento."[23] Empecé el experimento en Kansai, un distrito de Japón mientras hablaba durante la cena con dos pastores de Kanasi.[24]

Mi idea era reunir a los pastores que luchaban con conflictos con aquellos que estuvieran dispuestos a servir como entrenadores. Yo estaba dispuesto a ser el catalizador.

Decidimos reunirnos cuatro veces al año para un mini seminario, y yo estaba dispuesto a ser el orador para presentar el concepto

---

[22] Gary R. Collins, *Cómo ser un Ayudante de Personas*, prefacio.

[23] Obtuve la idea al estar con Robert Lay en Brazil. Ha estado dirigiendo ECA (Entrenamiento Celular Avanzado), un curso de Iglesias Celulares, por todo Brasil. Es un mini seminario que se lleva a cabo cuatro veces por año y una duración de tres días. Estas reuniones le permiten a los estudiantes estar consistentemente reforzados en las enseñanzas clave y también interactuar con otros. Entre un seminario y otro, los estudiantes necesitan practicar lo que se les está enseñando.

[24] Hay varias ciudades famosas en el área de Kansai, como Osaka, Kyoto y Kobe.

de entrenamiento.[25] Entre los seminarios, el entrenador se reuniría con los entrenados asignados a él o ella, para hablar de principios aprendidos en el seminario y de la vida en general. El compromiso era por el término de un año con la posibilidad de renovar ese compromiso después.

Cada pastor necesitaba firmar un acuerdo, indicando que lo tomaban en serio y estaban dispuestos a asistir a los seminarios y recibir entrenamiento. También queríamos que los pastores entendieran que no tenían que pagar una cuota por el entrenamiento.[26] La única obligación era que cada pastor llegara a otros pastores y los ayudara.

Empezamos en el área de Kansai en Japón con cuatro pastores dispuestos a ser entrenadores. En exactamente cuatro años, la red de entrenamiento creció a veintiséis entrenadores y un total de más de sesenta iglesias involucradas. Lo que es más, ahora hay cuatro nuevas redes de entrenamiento en Japón.

El Cristianismo en Japón ha estad creciendo muy lentamente. En más de 150 años, Japón tiene menos del 0.5% de la población en la iglesia. Todo pasa lentamente en los círculos de la iglesia de Japón. No obstante, las redes de entrenamiento se han expandido tan rápido que todos están impactados.

---

[25] Yo no cobro nada por mi parte en la red de entrenamiento porque muchas de las iglesias que necesitan entrenamiento son muy pequeñas y la carga de tener que pagar una cuota sería un gran impedimento para que se unan. También la atmósfera que queremos establecer es que usted no necesita paagar nada por el entrenamiento que recibe – sino que lo pagará hacia adelante.

[26] Este acuerdo está en el Apéndice para que usted lo vea. Nosotros modificamos este acuerdo para cada lugar ya que es sensible a la cultura. Nuevamente, la mayoría de las iglesias que necesitan ayuda son muy pequeñas y se encuentran bajo una carga económica. Los entrenadores son pastores de iglesias y por tanto ellos ya cuentan con el soporte de sus iglesias, así que pueden ofrecer entrenamiento sin costo. Si el entrenado quiere ofrecer algo, el entrenador también tiene la libetad de recibirlo

Sin embargo no hay ninguna estrategia para expandir la red y no hay una central administrativa o cuerpo de planeación. Dios lo está guiando de formas increíbles.

Las cuatro regiones en las que hemos estado operando redes de entrenamiento son: La Región de Chubu, la Región de Kanto, la Región de Kansai, y la Región Shikoku.

Area	Ciudades Principales
1. Kanto	Tokyo, Yokohama
2. Kansai	Osaka, Kobe
3. Chubu	Nagoya
4. Shikoku	Island

Sin embargo, ahora cuatro nuevos pastores en la red de Entrenamiento Shikoku vienen de una prefectura llamada Yamaguchi, la cual está en la parte más lejana del suroeste de la Región Chugoku. Uno de ellos es un nuevo entrenador en la red Shikoku.

Estos pastores están formando redes con muchos pastores en Yamaguchi, y etán emocionados de saber de la red de entrenamiento. Es bastante lejos viajar a Shikoku, pero están determinados a ver que esta red llegue a Yamaguchi. Así que para el fin de año, esperamos estar ahí con la meta de empezar la red de entrenamiento de Chugoku a principios del próximo año.

En la región más al Sureste de Japón Kyushu, a los pastores les interesan las células de la iglesia por los testimonios de las vidas e iglesias que han sido dramáticamente transformadas a través de la red de entrenamiento. Han invitado a estos "pastores entrenadores" a que vengan a sus iglesias y compartan sus historias.

Lo emocionante es que el rápido crecimiento de la red de entrenamiento no ha sido a través de impulso humano, sino a través de testimonios de pastores e iglesias que han sido dramáticamente cambiados por medio de recibir entrenamiento y de entrenar a otros.

Por ejemplo en el 2007, la red de entrenamiento en Japón se extendía de Kansai (Área de Osaka) a Kanto (Área de Tokyo). John era el más joven de cinco entrenadores, y su iglesia era también la más pequeña (menos de 50 miembros). Como todos los otros entrenadores, nunca había sido entrenador, pero estaba dispuesto a intentarlo.

Como era relativamente joven en los estándares Japoneses y su iglesia era pequeña, fue asignado a entrenar a un sólo pastor llamado George, junto con un pastor mayor y más experimentado.[27] John hizo un gran trabajo entrenando a George, quien había estado tan desanimado que quería renunciar al ministerio debido al control denominacional y a la traición de uno de sus miembros.

George comentó más tarde, "Si no hubiera tenido la relación de entrenamiento de John quien verdaderamente se convirtió en mi amigo, hubiera renunciado y actualmente no estaría involucrado en el ministerio." John entrenó tan bien que le fue asignado otro pastor para entrenar después de un año.

Otro ejemplo es el Pastor Peter quien estaba en sus 60s y había pastoreado la misma iglesia por más de veinte años. La iglesia había crecido hasta veinte miembros en veinte años, a pesar de que Peter se había esforzado en hacer crecer la iglesia.

Peter le dijo a su esposa: "¿Así es como terminaré mi vida pastoral?

---

[27] Puesto que apenas estábamos empezando con la Red de Entrenamiento de Kanto, tenámos nuestras reservas y no estábamos de que un pastor común pudiera entrenar.

¿Alguna vez cambiará nuestra iglesia?" conforme esto pasaba, Peter se unió a la red de entrenamiento y descubrió que su iglesia era demasiado dependiente sólo de él. Comenzó a compartir con los miembros de su iglesia sus nuevos descubrimientos, y la atmosfera de la iglesia cambió. El pastor y los miembros visitaron una célula de la iglesia de la red de entrenamiento y comenzaron grupos celulares entre los miembros que tenían entren setenta y noventa años de edad.

Desde entonces, se han acercado a la comunidad, las personas han conocido a Jesús a través de las células, y la iglesia ha edificado una sólida relación con la comunidad local.

La estación de televisión local se enteró del ministerio de la iglesia, vino a la iglesia a averiguar que estaba sucediendo e incluso hizo un reportaje acerca de la nueva vida y enfoque de la iglesia. Esta iglesia se convirtió en una inspiración para otras iglesias del área, probando que incluso una iglesia pequeña con miembros de edad avanzada en una ciudad pequeña puede tener un poderoso impacto en la comunidad.

Peter dijo, "Si no hubiese sido entrenado, no habría sabido que hacer y hubiera seguido desesperado. Pero ahora gracias al entrenamiento, pudimos realizar y ver cambios poderosos". Ahora el Pastor Peter e incluso los miembros de la iglesia quieren entrenar y servir a las iglesias de la ciudad vecina. Han recibido gratuitamente, y ahora quieren dar gratuitamente.

Hay muchas historias como esta de tan solo cuatro años de implementar la red de entrenamiento en Japón. Hay ahora más de sesenta iglesias involucradas en las cuatro redes de entrenamiento. Todas ellas están unidas por historias que pasan de boca y los testimonios de lo que están siendo entrenados. Hemos tenido testimonios de matrimonios de pastores que fueron salvados del borde de un divorcio debido a la desatención. Hemos visto iglesias que han sido transformadas dramáticamente mientras otras han cambiado más gradualmente. Casi cada pastor se ha beneficiado del entrenamiento, y como resultado, sus iglesias están ahora más saludables y más fuertes.

Hay ahora veintiséis pastores que están entrenando a otros. Lo emocionante es que ninguno de ellos había soñado con ser un entrenador antes de que la red de entrenamiento empezara. Lo que es más, muchos de ellos estaban incluso teniendo conflictos como pastores antes de que se unieran a la red de entrenamiento, pero ahora, ellos están entrenando a otros.

Matt se unió a la red de entrenamiento en Kansai en 2007 para recibir entrenamiento. Vive a cuatro horas de distancia en la Isla Sureña de Shikoku. Como había una escasez de entrenadores, cuando se registró, los entrenadores le pidieron que entrenara en lugar de recibir entrenamiento. Su petición sorprendió a Matt, pero estaba dispuesto a intentarlo.

Desde que se unió a la red, ha experimentado un enorme cambio en su vida y en su ministerio. Su vida familiar ha mejorado. Como típico pastor japonés, su liderazgo tanto en casa como en la iglesia, era de arriba hacia abajo, pero ahora es relacional más que jerárquica.

La iglesia también se vuelto más relacional. Matt solía estar atado a la oficina, pero ahora visita y es mentor para sus miembros y camino al lado de ellos en sus vidas diarias.

Muchos de sus miembros se han convertido en grandes testigos en sus lugares de trabajo.

¡Ser entrenado ha bendecido mucho a Matt! Ahora está entrenando a otros seis pastores y frecuentemente está lejos de la iglesia. Esto se ha vuelto una gran bendición para su iglesia puesto que más gente se ha levantado y se ha hecho responsable. La iglesia solía ser una iglesia centrada en el pastor, pero ahora está centrada en Cristo, ya que han dejado de depender únicamente en su pastor. Los miembros de la iglesia también van con Matt cuando entrena a otras iglesias.

Matt dijo, "Lo que me emociona de entrenar es que conozco a diferentes personas que comparten los mismos valores. Nos hacemos buenos amigos y nos influenciemos unos a otros. Lo que es más, ¡la influencia ha sido mucho más grande de lo que podría haber imaginado!"

El primer pastor a quien Matt entrenó era de la misma denominación. Es emocionante saber que este mismo pastor es ahora el líder de esa denominación y ahora está promoviendo célula de la iglesia, aun cuando solía resistirse.

Un pastor de mayor edad, Henry (no es su nombre real) era muy respetado, habiendo pastoreado su iglesia por más de 40 años. La iglesia es considerada una iglesia modelo en los estándares Japoneses. Henry fue también uno de los entrenadores originales cuando empezamos la primera red de entrenamiento en Japón.

Dios removió el corazón de Henry para que viera el potencial de una red de entrenamiento que bendeciría a muchos pastores en Japón. También vio que pastores comunes podían entrenar a otros pastores eficazmente. Henry decidió dedicar el resto de su vida a edificar un movimiento de redes de entrenamiento en Japón. Quiere realizar el sueño de "no más pastores solitarios".

Henry decidió entregar su iglesia a un pastor más joven. Este tipo de entregas no suceden con regularidad en Japón. Usualmente el hombre mayor se queda en su liderazgo hasta que ya no puede llevarlo a cabo, e incluso entonces el manda tras bambalinas. La entrega fue de hecho un gran éxito, y ahora

Henry está dedicando todo su tiempo a la red de entrenamiento de Japón.

La Red de Entrenamiento de Hong Kong

Hace dos años, empezamos el mismo tipo de red de entrenamiento en Hong Kong, y ahora tenemos nueve entrenadores con un total de más de cuarenta iglesias involucradas. ¡Nuevamente, las historias son conmovedoras!

Mencioné la historia de una mujer pastora, Anna, quien había servido fielmente a Dios por más de veinte años pero que estaba deprimida y experimentando dolores de cabeza todos los días debido a los conflictos en su iglesia. Otra pastora mujer, Catherine, se contactó con ella y comenzó a entrenarla en el 2006. En el 2007, Anna se unió a la red de entrenamiento, y Catherine continúo entrenándola.

Ahora Anna es una pastora feliz, y su iglesia ha cambiado dramáticamente. Los miembros están al fuego por Dios y están en grupos celulares. Hay una nueva vida en la iglesia. En el 2008, seis nuevos creyentes vinieron a Cristo y se quedaron en la iglesia (tres veces más que en los cinco años anteriores juntos).

Ahora ella tiene un grupo de pastores con los que ella puede compartir y aprender juntos. Pueden reír, llorar, y jugar juntos. Anna ya no se siente sola. Tiene amigos y compañeros viajeros en la jornada del ministerio pastoral. Ahora pertenece a la famila. Anna está ahora ministrando a sus miembros y realmente disfruta servir al Señor. Sus miembros de la iglesia contribuyen con el ministerio y no esperan que Anna haga todo el trabajo.

Los nueve miembros de la iglesia de Catherine contribuyeron como miembros de la iglesia y ayudaron a la transición hacia una iglesia celular. La red es como una gran familia. Cuando alguien tiene una necesidad, el resto está dispuesto a contribuir en cualquier forma que puedan.

¡La red se ha expandido a un ritmo que sorprende totalmente a todos los que estamos en la red! Los pastores que ya han sido entrenados ya se están convirtiendo en entrenadores asistentes. Sus corazones quieren pasar las bendiciones. En el pasado, muchas personas se unían a la "red de células de la iglesia" en Hong Kong para obtener algo de ello, y cuando habían recibido todo lo que podían, dejaban de venir.

La red de entrenamiento es diferente en que aquellos que son entrenados desean algún día entrenar a otros.

EL ENTRENAMIENTO DEBE PRODUCIR ENTRENADORES

A través de las redes de entrenamiento, hemos podido ver a pastores comunes convertirse en entrenadores. Pastores quienes nunca habían sido entrenados para entrenar son ahora entrenadores eficaces. Aprender a entrenar entrenando. Conforme los entrenadores se reúnen durante los mini seminarios trimestrales para compartir lo que están haciendo, aprenden unos de otros. Que emocionante es ver pastores que no tenían seguridad dar un paso adelante y valientemente bendecir a otros.

Pero lo que es aun más emocionante es ver a esos entrenados levantarse y empezar a entrenar a otros.

Entrenar a pastores debe convertirse en un movimiento para poder realizar el sueño de "No más pastores solitarios." Una película que salió en el año 2000 que me inspiró en la creación de nuestra red de entrenamiento fue Cadena de Favores. La película se trata de un niño estudiante de 12 años, Trevor, en Las Vegas, Nevada a quien le dan como proyecto escolar a completar por su maestro de estudios sociales. Su labor era idear un plan que cambiara al mundo a través de acción directa.

Más tarde ese día, en su camino a casa desde la escuela, Trevor ve a un hombre sin hogar, Jerry, y decide hacer una diferencia en su vida. A Trevor se le ocurre un plan para "pagar hacia adelante" haciendo una buena obra para tres personas quienes en turno deben hacer buenas obras para otras tres personas, creando un esquema caritativo piramidal. El plan de Trevor era ayudar a Jerry alimentándolo y dándole asilo para que el pudiera "ponerse de nuevo en pie". Trevor también ayudó a otras dos personas y ellas debían pagar hacia adelante a otras tres cada uno.

Mientras tanto, Chris, un periodista, estaba tratando de averiguar porque un completo extraño le dio un carro Jaguar completamente nuevo después de que el viejo Mustang 1965 de Chris se dañó en un accidente automovilístico. La única explicación del extraño fue que el simplemente estaba "pagando hacia adelante." Cuando Chris le pidió más información, el hombre le explicó que cuando visitó recientemente un hospital mientras su hija estaba sufriendo un ataque de asma, un pandillero que tenía una herida por apuñalamiento de hecho levantó una pistola para obligar a los doctores a examinar a la hija del hombre antes de que colapsara, haciendo que Chris comenzara su búsqueda otra vez.

La historia continúa desarrollándose al tiempo que más y más personas comienzan a "pagar hacia adelante". Chris finalmente identifica a Trevor como el creador de "pagar hacia adelante" y lleva a cabo una entrevista grabada en la escuela.

Trevor le explica sus esperanzas para este concepto, pero expresó su preocupación de que las personas podrían haber estado demasiado temerosas de cambiar sus propias vidas para que esto hiciera del mundo un mejor lugar.

Un día, Trevor llega a defender a un amigo quien ha sido atacado por peleones, y trataba de pelear con ellos, aunque eran mayores y más grandes. En el proceso, es apuñalado en el abdomen. Trevor es llevado rápidamente al hospital, donde muere por el apuñalamiento.

Mientras su madre y amigos lloran su muerte, ven un reportaje en las noticias acerca de "pagar hacia adelante" y la muerte de Trevor, y se enteran de que el movimiento había crecido en toda la nación. Saliendo de la casa, ven a cientos de personas reuniéndose en vigilia para rendir homenaje a Trevor, con aún más personas llegando en una caravana de vehículos visible a la distancia al tiempo que finaliza la película.

En nuestra propia red de entrenamiento, vemos más y más personas "pagar hacia adelante". Tomemos a Joe, por ejemplo. El llegó a la red de entrenamiento para ser entrenado. Estaba pastoreando una pequeña iglesia con una historia de veintisiete años. Se sentía inadecuado y se dio cuenta de su temperamento era muy introvertido. En su lucha, se preguntó si debía dejar la iglesia.
Mediante la red de entrenamiento, se vuelto más extrovertido. Solía ser muy no – relacional, muy serio y reacio a tomar el mando en la iglesia. Sin embargo, recibió confortación y motivación de los otros pastores. Mediante la motivación y contribución de su entrenador, decidió cambiar.

Ahora tiene una buena relación con sus líderes. Ha decidido involucrarse en la vida de las personas. Incluso la relación con su esposa e hijos a mejorado grandemente.

Anteriormente, tenía rivales, pero no tenía amigos. Dios lo ha bendecido con muchos amigos a través de la red de entrenamiento. Por el compañerismo con estos otros pastores, su iglesia se ha vuelto llena de vida. La iglesia ahora tiene ocho grupos celulares, y el 75% de todos sus miembros están en células. Los miembros tienen ahora el deseo de llegar más allá. Como resultado, la iglesia ha crecido significativamente y en el último año realizó seis bautismos.[28]

Su iglesia ahora quiere llegar a los demás. Su nueva visión es: "Llegar a ser un instrumento de Dios en estos últimos días al tiempo que experimentamos el amor y misericordia de Cristo. Nuestra iglesia servirá a Japón en asociación con otras iglesias con los mismos valores."

En el año 2009, a dos años de estar recibiendo entrenamiento, Joe se convirtió en entrenador cuando comenzó la red de entrenamiento Shikoku. Ahora, un año después, uno de los pastores que él entrenó se ha convertido en un entrenador. Así que ahora tenemos la cuarta generación de pastores en la red de entrenamiento de Japón.

¡Podemos Hacerlo!

¡Este es un hecho tan importante que queremos proclamarlo a los cuatro vientos! ¡Queremos proclamarlo al mundo entero! ¡Queremos decírselo una y otra vez para que se quede en su corazón! Esto es lo que queremos decirle:

¡Los Pastores Comunes Pueden Entrenar!

¡Esto es tan emocionante! ¡Solamente cuanto entendemos esto es que podemos ver al entrenamiento convertirse en un movimiento! Pero más que esto;

¡Los Pastores Comunes Pueden Producir Entrenadores!

El entrenamiento de los pastores comunes puede ser muy efectivo.

---

[28] En Japón, en promedio, una iglesia no tiene ¡ni siquiera un bautismo por año!

No tienes que estar entrenado para ser un entrenador. ¡Incluso un entrenador sin entrenamiento puede cambiar de una forma asombrosa la vida de otros pastores e iglesias!

¡El Entrenamiento Debe Convertirse en un Movimiento!

¡Hagámoslo!

Capitulo 7

LAS TRAMPAS MÁS COMUNES DEL ENTRENAMIENTO,
por Sammy Ray Scaggs

"Entrenar es 90% actitud y 10% técnica"- Autor Desconocido

La meta de toda aventura es experimentar la cima de la montaña o la cumbre. Cuando se nos da el privilegio y la oportunidad de entrenar a alguien en la vida, podemos verlo como una aventura. Precaución: si mantenemos la vista solo en la cima, podemos perder de vista peligrosas trampas que pueden dañar o incluso destruir una relación de entrenamiento.

El verdadero peligro está en que ignoremos las trampas más comunes . Podemos pensar que estamos entrenando cuando no lo estamos, pero con frecuencia somos los últimos en darnos cuenta. Así que nuestra actitud tiene que tomar como un reto el llegar a la cima. En el entrenamiento, nuestra "cima de la montaña" es ver al líder que estamos entrenando alcanzar su potencial. No se necesita entrenamiento profesional para ver esto. Queremos que los entrenados se den cuenta de que es posible experimentar una transformación personal, alcanzar el potencial de su destino, y aprender a articular y activar su Sueño de Dios. Queremos que sepan que están haciendo algo con significado eterno que cambiará el mundo para muchas personas quienes de otra manera podrían nunca haber experimentado el contacto con Dios. ¡Alcanzamos la "cima" cuando ellos experimentan la transformación!

Llegar a la cima de la transformación personal es un experiencia emocionante. Hace muchos años nuestra familia estaba en Colorado, e hicimos un corto viaje a la cima de la montaña Pikes Peak, la cual tiene una elevación de la cumbre de 14,110 pies (4,301 metros). El día estaba muy claro y no había una sóla nube en el cielo.

Nuestra hija de ocho años, Sarah, estaba sentada conmigo en una orilla de la montaña. Mientras nuestras piernas colgaban de la saliente, y mirábamos la vista, ella dijo algo que nunca olvidaré, "¡Dios hizo un buen trabajo, Papá!" No podía hablar ante la vista que estábamos mirando y al escuchar mis pensamientos expresados a través de las palabras de mi hija. ¡Dios había hecho un buen trabajo! Era espectacular y asombrosa todo al mismo tiempo. Una cima en el entrenamiento puede ser igual.

Conforme creamos un ambiente seguro para que los entrenados crezcan, se desahoguen y sueñen en voz alta, Dios con frecuencia dará paso a sueños que han estado guardados en sus corazones desde el momento que estaban en el vientre de sus madres (ver Salmo 139:13-18).

Años después, al mantenernos en contacto con el entrenado, podemos ver algunos de los frutos de su trabajo y experimentar nuevamente "momentos de la cima de la montaña" del entrenamiento.

Una vista desde la cima nos da un punto de ventaja para ver cosas que no podemos ver cuando estamos en los valles de la vida. Todos sabemos que la vida no es vivir siempre en cimas de montañas, pero sí deseamos escalar más y más alto para que podamos ver más claramente que estando abajo.

Como sabemos que los valles de la vida existen, pasemos un poco de tiempo viendo cuales son algunas experiencias en el valle al entrenar a otros líderes.

Cada nueva disciplina y las habilidades necesarias para dominarla, incluyendo el entrenamiento, llega con altas y bajas, cimas y valles, atajos y trampas. Sabes que un valle puede ser una trampa, lo cual es "una dificultad o trampa no anticipada o inesperada". En el alpinismo se refiere a esto como un "caer sentado" lo cual es un "error humillante y vergonzoso." Todos hemos cometido errores, y como la mayoría de los alpinistas deseamos aprender de esos errores y mejorar y no amargarnos.

Y por supuesto, con cualquier aventura hay cumbres donde tenemos descubrimientos al máximo con aquellos a quienes estamos entrenando. Pero en este capítulo queremos explorar unas cuantas trampas del entrenamiento que he aprendido en el camino que podrían serle útil al dar el paso de comenzar a entrenar a otros. No necesita entrenamiento profesional para aprenderlas.

De hecho puede que ya las conozca, pero pensamos que sería útil revisarlas si usted está a punto de empezar.

Trampa #1: No tener Corazón de Entrenador

Este cambio debe ocurrir en tu corazón antes de entrenar a alguien más. Todos sabemos que nuestro máximo modelo para entrenar es Jesús. ¡El es el Entrenador Maestro! El da forma a todo lo que queremos hacer en el entrenamiento. Ya sea que estemos entrenando en el mundo de los negocios o en el mundo de la siembra de iglesias. Su estilo funciona en todas partes. Si tenemos la actitud de corazón errónea al entrenar, será como tratar de reparar el sistema electrónico de un carro con un martillo.

Podemos tratar de aparentar que sabemos lo que estamos haciendo, pero finalmente es un ejercicio frustrante tanto para el entrenador como para el que es entrenado. Puede causar un daño, y desafortunadamente podemos ser los últimos en reconocerlo.

Jesús habló mucho de las actitudes de nuestro corazón. He aquí algunas de las enfermedades que pueden afectar a nuestro corazón primero que nada, está el "corazón religioso." Se ve bien en el exterior, pero está realmente vacío, y no tiene poder. Entrenar de la forma que entrenó Jesús fue sólo con el propósito de hacer avanzar el Reino. Veamos sus provocadoras palabras:

> *Después Jesús se dirigió a sus discípulos y a la multitud reunida con ellos. "los estudiosos de la religión y los Fariseos son maestros en la Ley de Dios. No se equivocarán al seguir sus enseñanzas de Moisés. Pero sean cuidadosos al seguirlos. Ellos hablan bien, pero no viven de acuerdo a los que predican. No lo tienen en sus corazones y viven fuera de ello en su comportamiento. Es sólo una apariencia refinada.*
> *" (Mateo 23:1-3 MES)*

El objetivo es ver a la persona que estás entrenando ser libre para llegar al siguiente nivel, sea lo que sea que eso signifique en su vida. Estamos entrenando para transformar. ¡Transformación genuina! Pero si no creemos verdaderamente en que la persona puede ser transformada y usada por Dios, no comunicaremos una fe transformadora de vidas. Si no creemos que la persona tiene el potencial para levantar una iglesia que no ha existido en la comunidad, ciudad, o nación, ¿quién lo creerá? El entrenador debe depender constantemente del Espíritu Santo para hacer cosas poderosas en el entrenado.

Requiere también de fe, lo cual abre la puerta a la segunda enfermedad del corazón que debemos evitar. El "corazón incrédulo." El corazón incrédulo tiene problemas para creer en el potencial de otras personas. Este tipo de corazón siempre ve el vaso medio vacío. Llama a un día medio nublado, "nublado" en vez de llamarlo "parcialmente soleado." Este tipo de persona no tiene un espíritu optimista en su corazón.

Debo admitir que he sido acusado de ser "demasiado optimista", y esto causarme problemas a veces. Pero cuando se trata de personas y su potencial, siempre yerro en creer en su potencial. ¿Por qué? ¡Porque eso es exactamente lo que Jesús hizo! El es el Entrenador Maestro, y El entrenó a sus discípulos de esa manera.

El me entrena todos los días de esta manera. ¿Cómo más podríamos usted y yo haber logrado lo que hemos logrado a través de Cristo, si no fuera por Su "Corazón Crédulo" en nosotros? Necesitamos seguir Su ejemplo y pensar lo mejor de las personas. Y si alguien que llega a nuestra vida necesita nuestras habilidades de entrenamiento, necesitamos liberar nuestra fe, no solamente en Aquel Quien lo creó a él o a ella, sino también en la persona a la que estamos entrenando. Mire a este individuo a través de los ojos de la fe y pida a Jesús que le revele el potencial de la persona. ¿Y adivine que sucederá? ¡Sí! Dios le mostrará lo que El ve en esta persona.

Cuando escuche sus sueños, esperanzas y aspiraciones, puede hacerles preguntas abiertas y poderosas para desenterrar el oro que yace en lo más profundo de sus corazones. Al hacerlo, mire a Dios transformarlos en lo que Él ha planeado para sus vidas desde el principio. ¿Y adivine que más sucede? Cuando comienza a ejercitar su fe y a creer en ellos, ellos comenzarán a unírsele y a creer tanto en lo que Dios los ha llamado a hacer y más importante aún, ¡en quiénes son ellos en Cristo!

La última enfermedad del corazón a evitar es lo que yo llamo ¡"Corazón kamikaze o banzai"! Estas dos últimas palabras fueron inmortalizadas durante la Segunda Guerra Mundial cuando los japoneses lucharon con todo lo que tenían para defender su nación. El ataque kamikaze fue conocido por los pilotos kamikaze quienes convertían sus aviones en misiles guiados humanos. ¿O que tal la carga banzai cuando el soldado atacaba al enemigo a pie con solo una bayoneta pero sin balas? Ambas cosas provienen de las tradiciones del Samurái y los códigos Bushido, los cuales están basados en los valores de lealtad y honor ¡hasta la muerte!

Personalmente, aunque realmente me agradan los valores de lealtad y honor, no creo que los ataques kamikaze o la carga banzai fueran realmente tan efectivos. Básicamente son tácticas suicidas y sirven para grandiosas escenas de película, pero al final, usualmente ambas partes son destruidas. En el entrenamiento he visto a líderes con buenas intenciones "cargar" mientras intentan hacer lo mejor que pueden sin haber sido entrenados. Con frecuencia causan más daño que un bien. Así que le felicito por leer este libro y seguir la disciplina del entrenamiento con el corazón de Jesús, ¡El Entrenador Maestro!

Simplemente darse cuenta de que usted necesita algunos elementos de entrenamiento significa que usted tiene un corazón al que se le puede enseñar y que le servirá todos los días de su vida. ¿Por qué? Porque todos nosotros tenemos algo que aprender. Y cuando le pedimos al Espíritu Santo que cambien nuestro corazón para que seamos más y más como Jesús y que nos guíe hacia otros quienes son grandes entrenadores, ellos nos pueden enseñar y ser modelos para nosotros del corazón de un entrenador. Entonces lograremos mayores y más efectivos niveles en nuestra habilidad para ser entrenadores bíblicos para el Reino de Dios. Esto nos lleva a la segunda trampa, la cual nos mueve a los que llamo el corazón para los ojos.

TRAMPA #2: VER A LA PERSONA QUE ESTÁ ENTRENANDO CON UNA VISIÓN LIMITADA

Los grandes entrenadores necesitan ojos de fe. He experimentado esta trampa con alguien quien se suponía me estaba entrenando pero en vez de esto decidía darme consejo. Resultaba ser el consejo equivocado.

Cuando yo era un joven pastor, sentí una fuerte tendencia a ser un pastor bi - vocacional. Quería ser tanto un pastor activo en el ministerio de la iglesia local, como también iniciar algún tipo de negocio. Pero el líder que me estaba entrenando me hizo sentir en conflicto, con pensamientos encontrados, y básicamente no comprometido con el Reino de Dios.

¡Nada podía estar más lejos de la verdad! Dios simplemente me había conectado de forma diferente a otros líderes. Yo anhelaba estar tanto en el ministerio como en el negocio, puesto que este era el llamado de Dios en mi vida. Actualmente estoy viviendo mi sueño sirviendo como pastor en una iglesia local así como operando varios negocios fuera de casa con gran alegría y satisfacción. No me entienda mal. El líder que estaba tratando de entrenarme era sincero, ¡pero sinceramente equivocado!

Si el hubiese escuchado lo que yo lo estaba diciendo acerca de cómo Dios me había creado y mi Sueño de Dios, el hubiera podido liberarme hacia mi destino mucho antes y también me hubiera ahorrado mucha frustración. Nunca he olvidado aquella experiencia. Así que cuando miro a alguien quien Dios me ha dado el privilegio de entrenar e influenciar, siempre trato de ayudarlo o ayudarla a descubrir que misión, ministerio, o destino ha puesto Dios dentro del corazón de la persona y entonces ayudar a la persona a descubrir ese Sueño de Dios. Esto requiere de fe por parte del entrenador y por parte del que está siendo entrenado, pero vale mucho la pena el tiempo y esfuerzo invertidos.

Ara Parseghian dice lo siguiente acerca del entrenamiento en los deportes, pero es cierto también en el entrenamiento de vida también: "Un buen entrenador hará que sus jugadores vean lo que pueden ser en lugar de lo que son".

Esto es exactamente lo que Jesús nos puso como ejemplo cuando El estaba entrenando a Simón quien se estaba convirtiendo en Pedro, la Roca:

> *Cuando llegó a la región de Cesarea de Filipo, Jesús preguntó a sus discípulos: "¿Quién dice la gente que es el Hijo del hombre?" Bueno, Le respondieron, Unos dicen que es Juan el Bautista, otros que Elías, y otros que Jeremías o uno de los profetas. Luego les preguntó: "Pero ustedes, ¿quién dicen que soy yo?" "Tú eres el Mesías, el Hijo del*

*Dios viviente." contestó Simón Pedro. Jesús respondió,
"Eres bendecido tú, Simón, hijo de Jonás porque mi Padre
que está en el cielo te ha revelado esto a ti. Tú no lo supiste
de ningún mortal. Ahora Yo te digo que tú eres Pedro, (que
significa piedra) y sobre esta piedra edificaré mi iglesia, y
los poderes del infierno no la conquistarán. Y Yo Te daré
las llaves del reino del Cielo. (Mateo 16:13-19 NLT)*

Esta experiencia transformó a Pedro para siempre. Jesús no
solamente estaba revelando proféticamente el destino único de
Pedro, sino que estaba hablando con fe de su vida y creyendo
en quién y en qué se convertiría Pedro. Cuando miramos a
aquellos que estamos entrenando a través de los ojos de la fe,
comenzamos a articular su potencial y a acelerar la obra de
Dios en sus vidas.

Esto nos lleva a los ojos para las manos. Aquí está la tercera
trampa.

TRAMPA #3: SER UN ANIQUILADOR DE SUEÑOS EN VEZ DE UN LIBERADOR DE SUEÑOS

Los grandes entrenadores activan los sueños de los líderes a
quienes entrenan. ¡Toma sólo un momento aniquilar un sueño y
toda una vida para vivirlo! Los sueños, como las relaciones, son
orgánicos y pueden ser atacados y destruidos muy fácilmente.

Una palabra dicha sin pensarse en el momento equivocado por
alguien con influencia puede ser fatal para un sueño. Un padre,
un maestro, un empleador, o un líder pueden tener buenas
intenciones y aún así obrar opuestamente a lo que Dios quiere.
Jesús compartió Su misión de vida y Sueño de Dios como Cristo
resucitado. Después de revelar su misión, las cosas se pusieron
interesantes:

> *Desde entonces comenzó Jesús a decir a sus discípulos que*
> *era necesario que fuese a Jerusalén y que sufriría muchas*
> *cosas terribles a manos de los ancianos, de los jefes de los*
> *sacerdotes y de los maestros de la ley, Que Lo matarían*
> *pero al tercer día resucitaría de la muerte. Pero Pedro lo*
> *llevó aparte y comenzó a reprenderlo por decir tales cosas:*
> *"¡El cielo lo prohíba, Señor! ¡Esto no te sucederá jamás!"*
> *Jesús se volvió a Pedro y le dijo: "¡Aléjate de mí, Satanás!*
> *Eres una trampa peligrosa para mí. Estás viendo las cosas*
> *meramente desde un punto de vista humano, no del de Dios"*
> *(Mateo 16:21-23 NLT)*

Pedro pasa de estar motivado a expresar su revelación de Jesús como Cristo a ser reprendido por ser usado por el enemigo. Jesús reprendió a Pedro por negarse a ver el sueño de Jesús como Cristo resucitado.

Cuando el lector casual se encuentra con este pasaje de las Escrituras por primera vez, se pregunta porque Jesús es tan severo. Para mí, la razón es clara. Satán está usando una persona bien conocida o líder para atacar el Sueño de Dios de otro. Esto sucede todo el tiempo. He escuchado más historias de las que quisiera acerca de padres con buenas intenciones, pastores y líderes que sin pensar han usado palabras y su influencia para destruir el sueño de otro. Creo que está en nuestra naturaleza.

Cuando alguien empieza a hablar de su sueño, sin darnos cuenta nos amenaza, y hacemos lo que un viejo pescador me contó una vez, cuando noté que su canasta de cangrejos no tenía tapa. Le pregunté: "¿Por qué no tiene tapa su canasta? ¿No tiene miedo de que sus cangrejos trepen y se escapen?" Su respuesta fue simple y reveladora para mí. "Los otros cangrejos se encargarán de que ningún cangrejo trepe". Mientras veía atentamente la acción descubrí que cuando un cangrejo empezaba a ver la libertad fuera de la canasta y comenzaba a trepar hacia la libertad, los otros cangrejos lo agarraban y lo jalaban hacia debajo de vuelta a la canasta y prácticamente ¡ninguno salía! Nuestra naturaleza pecadora puede a veces ocasionar que hagamos exactamente lo mismo. Y todo el tiempo nos convencemos a nosotros mismos de que estamos haciendo algo noble.

Cuando alguien tiene el valor de compartir su sueño con otros, nuestra tendencia natural es volvernos temerosos y defensivos. Con frecuencia desafiamos al soñador, hacemos comentarios sarcásticos, o incluso ridiculizamos el sueño antes de que sea realmente articulado por primera vez.

La inspiración para esto es Satán mismo porque está consciente del peligro de los Sueños de Dios, especialmente cuando se trata de sembrar iglesias y de cuál será el impacto en su reino de oscuridad. Estos sembradores de iglesias que están entrenando están haciendo lo que Reinhard Bonn llama "Saqueando el Infierno para Poblar el Cielo"

Nuestra misión, si decidimos aceptarla, es crear un ambiente donde los soñadores puedan soñar en voz alta sin retribución. Estamos llamados no solo a escuchar y a alentar al soñador sino a hacer preguntas que le den la oportunidad al soñador de poner en palabras su fe, imaginación y sentimientos que han estado guardados dentro por bastante tiempo.

Cuando escogemos la ruta de convertirnos en un "liberador de sueños", no estamos embarcando en un camino que activará al que estamos entrenando para que ponga en acción sus sueños y comience a moverse de la etapa de sueño conceptual a la etapa de sueño práctico.

Esto nos lleva de las manos a los pies. Nada funciona más que una buena patada positiva en los pantalones para hacer que el líder a quien esté entrenando en movimiento y ayudarlo a activar su sueño. Una vez que esto sucede el líder que esté entrenando ha despegado y ¡está corriendo como nunca antes!

Trampa #4: No Escuchar Sino "Decirle" Qué Hacer al Entrenado

Los grandes entrenadores escuchan, reflejan, y hacen preguntas, en lugar de ser ellos quienes hablen. Hemos tocado este tema en el capítulo "Entrenamiento Basado en Sueños", pero permítanme poner la atención aquí en que el círculo de Escuchar, Reflejar, y hacer Preguntas abiertas y poderosas (Ciclo ERP) es constante en nuestro ambiente de entrenamiento. No puedo contar las veces que los líderes me han dicho que están entrenándome sólo para descubrir que su definición de entrenamiento es "Hazlo como yo lo hago" y simplemente etiquetarlo como entrenamiento.

Lo que los líderes saludables necesitan actualmente es a otro líder experimentado quien sea los suficientemente seguro como para escuchar y resistir la tentación de siempre decirle al entrenado qué hacer. Cuando realmente me habitué a este principio, me liberó de todo tipo de presiones. Por ejemplo, la presión que experimentamos al tener que pretender que tenemos todas las respuestas correctas. Nadie necesita esa presión, verdad?

Descubrí que la vida del entrenador es diversión y liberación. Es emocionante ver y descubrir lo que yace bajo la superficie de un joven líder en el que el Espíritu Santo ha estado obrando por años. Es maravilloso usar el ciclo básico ERP (escuchar, reflejar, preguntar) para revelar el Sueño de Dios guardado dentro de ellos. Se que suena fácil, pero requerirá disciplina para pasar de disciplinar, enseñar, ser mentor, dar consejos y predicar a ERP. No obstante no es solo posible sino necesario, si realmente vamos a ver sueños liberados dentro de nuestra esfera de influencia.

Superar esta trampa significa que necesitamos cambiar nuestra forma de pensar. Necesitamos usar nuestra mente para recordar el ciclo ERP y pasar a un paradigma y una disciplina completamente nuevos, lo cual abrirá puertas para nosotros y para aquellos que servimos como nunca lo habíamos visto antes.

TRAMPA #5 TRATAR DE HACER ALGO QUE NUNCA SE HA HECHO POR TI

Los grandes entrenadores necesitan entrenamiento. La forma de aprender como entrenar a alguien más no es leyéndolo en un libro o un manual sino siendo entrenado por un líder saludable. El Dr. Joseph Umidi no sólo es el fundador y presidente de Entrenamiento Líder Formador de Vidas (el ministerio Cristiano e entrenamiento más grande), sino que él es mi entrenador, mi amigo y socio en el ministerio. El ha estado entrenándome por más de diez años y es mi entrenador aún hoy en día.

He experimentado algunos modelos de liderazgo muy poco saludables antes de conocer a Joseph. Estaba bastante escéptico de que lo que yo esperaba e incluso había leído en mi Biblia para mi generación no se lograría. Y cuando estaba a punto de rendirme, Dios trajo a Joseph a mi vida. Todo comenzó con una simple presentación que el dio en una conferencia de líderes que trataba de estilos de liderazgo saludables frente a estilos tóxicos de liderazgo. Después de escucharlo, quedé enganchado.

Nos convertimos rápidamente en amigos y socios en el ministerio y antes de que me diera cuenta, estaba viviendo mi sueño de un liderazgo saludable de entrenamiento. No sólo era posible, sino que era replicable. Él lo llamó entrenamiento bíblico pero en ese entonces no me importó como lo llamó. Sólo quería más y más de eso, y quería verlo replicado en mi vida y ministerio alrededor del mundo. ¿Por qué es tan importante para mí? Mi vida personal fue transformada. Mi matrimonio fue transformado.

Mi rol como padre fue transformado. Mi iglesia y mi ministerio fueron transformados, y la forma en que servía a los líderes fue transformada.

Estoy compartiendo todo esto con usted, para que no ignore el hecho de que necesita ser entrenado en la vida, si quiere ser un entrenador efectivo para otros. Es un principio bíblico. Lo llamo el "orden de padre e hijo". Creo firmemente en los padres y madres espirituales y he descubierto que incluso si no tienes padres naturales que sean firmes creyentes en Cristo, Dios puede y te traerá padres y madres espirituales a tu vida para guiarte y asistirte en tu camino con Cristo. Y si ellos son verdaderos padres y madres espirituales, ellos te entrenarán.

Mi padre espiritual resulta ser mi suegro, Harold Buckwalter. El ha sido usado por Dios para disciplinarme como creyente, para ser mi mentor como líder, y para entrenarme como u n padre espiritual para cuidar de otros de una forma saludable. Comenzó hace tres décadas cuando tenía yo solamente dieciocho años pero continúa hasta hoy, ¡y espero que nunca termine!

Me hace un mejor padre (tanto natura como espiritualmente), entrenador, pastor, y líder. Es igual para usted. ¡Usted puede entrenar! Pero para poder entrenar, no olvide este importante principio, "¡Debes estar dispuesto a ser entrenado para convertirte y seguir siendo un gran entrenador!"

¡Esto nos mueve desde nuestro cerebro hasta nuestra parte posterior! ¡Necesitamos ser pateados en los pantalones para aprender, crecer, y continuar abrazados a nuestro Sueño de Dios para que podamos ser auténticos liberadores de sueños! Necesitamos AMR (apoyo, motivación y responsabilidad) para continuar creciendo y entonces poder auténticamente decir a quienes lideramos, "¡Sígueme como yo sigo a Cristo!" Si haces esto, experimentarás transformación y verás a otros transformarse justo frente a tus ojos. Esto nos lleva a nuestra sexta y última trampa.

TRAMPA #6: ENTRENAMIENTO POR DIVERSIÓN, NOVEDAD O FASCINACIÓN

Debes entrenar por transformación. Todos nosotros hemos estado aquí lo suficiente como para ver cosas ir y venir en la vida y cultura de la iglesia. Si el entrenamiento es una novedad o parece divertido, las personas quedan fascinadas, pero no dura. Pasará rápidamente cuando algo más divertido o fascinante llegue. Sin embargo, si estamos siendo transformados por el entrenamiento, y cuando sea nuestro turno somos usados por Dios para entrenar a alguien más y por Su gracias ellos son transformados, entonces se convertirá en una disciplina de por vida que nos traerá alegría y frutos ¡nuestras vidas enteras!

Esta es la cima de la cumbre en la que usted se ha estado enfocando todo este tiempo. Justo como escalar una montaña, se topa con desafíos, falta de energía, e incluso algunos peligros durante el camino. Empieza a preguntarse, "¿Para empezar, de quién fue esta idea?" luego se da cuenta de que fue su idea.

Así que vuelve a enfocarse en la siguiente tarea y continúa. Después finalmente llega a la cima de la cumbre. La vista y la brisa son espectaculares. Eso es lo que sucede cuando experimentamos la transformación personal, o cuando somos usados por Dios para entrenar a alguien más para que experimente una transformación personal. Luego, cuando vemos nacer de nuestro entrenamiento a la iglesia o la vemos estar nuevamente saludable, estamos viendo la vista que exclama como lo hizo mi hija de ocho años en Pike Peak: "¡Dios hizo un buen trabajo!" ¡Porque sólo Dios puede transformar una vida! Pero El ama usarnos en el proceso.

¿Por qué entrenar es tan efectivo? Primero, libera la habilidad otorgada por Dios para resolver nuestros propios problemas. Con frecuencia la respuesta está a nuestro alcance si simplemente tenemos la guía de alguien para ayudarnos a descubrirla.

Segundo, es efectivo porque nuestro crecimiento, el cual nos lleva a la transformación, es de hecho acelerado por la relación, justo como un entrenador y un atleta que está entrenando para las Olimpiadas. El entrenador ve el talento en bruto del atleta y lo combina con su experiencia y herramientas de entrenador para ayudar al atleta a alcanzar su potencial que hasta este punto ha sido explotado.

El entrenador no es totalmente el responsable y tampoco lo es el atleta pero juntos se libera una sinergia que los ayuda a lograr algo que de otra forma ¡no hubiera sido posible! Eso es lo que queremos ver que suceda alrededor de todo el mundo. Deseamos ver lideres liberados para plantar y nutrir miles de iglesias dadoras de vida que también liberen un movimiento de entrenamiento bíblico auto replicable ¡que libere a otros hacia sus sueños!

Uno de mis ejemplos favoritos de alguien que ha vivido una vida de continua transformación incluso en medio de trampas es José, hijo de Jacob. Si abre su biblia y lee Génesis Capítulo 37 hasta el final de ese libro, verá la forma en que José puedo conducirse a través de las trampas de su vida. Tuvo tanto cimas como valles durante los cuales el pudo haber tomado otras decisiones. No obstante, José tomó las decisiones correctas, y su testimonio continúa influenciando incontables vidas hasta hoy.

José fue un hacedor de historia porque permitió que Dios lo ayudara a conducirse entre las trampas de su vida y su destino. Las trampas fueron usadas por Dios para darle una oportunidad de tomar una decisión y desarrollar su carácter. Me encanta lo que el salmista nos revela de este proceso cuando proclama:

Hasta que llegó el momento de realizar sus sueños, el Señor puso a prueba el carácter de José (Salmo 105:19 NLT)

¡Dios le bendiga al escalar la montaña y bendiga a otros que usted entrene a lo largo de su vida a causa de las decisiones que usted toma hoy! Recuerde, "entrenar es 90% actitud y 10% técnica." No necesita ir a un seminario para ser un entrenador. Cualquiera puede entrenar si tiene el corazón de Jesús. ¡Usted puede entrenar! Sólo si tiene el poder de cambiar su corazón y actitud para que le guíen en la dirección correcta. Al hacerlo, verá el efecto de esto inmediatamente. Si desea aprender más acerca del entrenamiento por favor contacte a nuestro equipo de entrenamiento en Entrenamiento Líder Formador de Vidas (www.lifeformingcoach.com) para más información. Pero ahora ya tiene suficiente información para entrenar. Recuerde, ¡usted puede hacer esto! ¿Qué está esperando? Usted puede hacerlo. ¡Usted Puede Entrenar!

Capitulo 8

ENTRENAR ENFOCÁNDOSE EN LA ESENCIA,
por Ben Wong

Alrededor del mundo, hay un enfoque popular hacia el entrenamiento que es un poco diferente del que hemos estado compartiendo. Un pastor de una iglesia "muy exitosa" (usualmente una mega-iglesia) decide que quiere ayudar a otros pastores a aprender de su iglesia o de su propia experiencia como pastor "exitoso". Puesto que muchos pastores quieren aprender de estos pastores "exitosos", se unen a su iglesia.

La mayor parte de la información de entrenamiento proviene de seminarios, conferencias y recursos que las iglesias exitosas pueden proveer. Te dicen que es lo que han hecho, y cómo lo han hecho. Luego tratan de enseñarte para que hagas el mismo tipo de cosas, para que entonces tu también seas exitoso. Esto resulta en que la iglesias que son ayudadas por la iglesia "exitosa" tratan de imitar el modelo y reproducir el mismo modelo en su propio contexto.

Uno de los pastores de una iglesia "exitosa" me describió esta filosofía como "franquicias de Mc Donalds". Me dijo que cada Mc Donalds en el mundo es prácticamente igual porque cada uno sigue la forma de hacer las cosas de Mc Donald's. Todos los nuevos propietarios del restaurante deben recibir entrenamiento de Mc Donald's en cómo hacer las cosas a su manera.

Este es el problema: muchos pastores han tratado de copiar estas iglesias modelo, pero muy pocos tienen éxito al hacerlo. Las iglesias modelo, de hecho, son muy difíciles de copiar.

La realidad es que un modelo es básicamente como un pastor o una iglesia pudo ser capaz de expandirse exitosamente de una forma en particular en un lugar en particular. No obstante, hay problemas fundamentales al copiar modelos:

• Más del 80% de las iglesias en el mundo tienen menos de 100 personas, lo cual difícilmente un estatus mega. No es fácil para estas iglesias más pequeñas copiar como funciona una mega iglesia. No son iguales.

• No debemos tratar de imitar un modelo. No muchos pastores lo han logrado con éxito. Hay algunos que lo han logrado, pero son la excepción más que la regla.

• Imitar a otro modelo supone que estos modelos son universalmente aplicables en cualquier parte del mundo. Sin embargo, los modelos son culturales y con frecuencia particulares a un área o nación. Es por eso que en las misiones, la clave es contextualizar o indigenizar. Necesita hacerlo apropiado para esa cultura.

• Las personas muy diferentes y únicas. Lo que funciona para un líder no quiere decir que funcionará para otro líder exactamente de la misma manera. Al tratar de copiar a alguien más, de hecho suprimimos la individualidad única.

No estoy diciendo que estas maravillosas iglesias con sus increíbles modelos no sean importantes como para que aprendamos de ellas. ¡Alabamos a Dios por lo que El hecho a través de ellas! Son una inspiración para todos nosotros. Nos proporcionan una visión de lo que es posible. Hay muchas cosas que podemos aprender de ellos. Sin embargo, no se supone que sigamos modelos. Podemos copiar los principios que se desprenden del éxito del modelo, pero no debemos tratar de copiar el modelo.

No estamos limitados a aprender de un solo modelo. En cambio, debemos recoger las verdades (principios) de todos ellos. Las preguntas que deberíamos hacer son: ¿Cuáles son los principios detrás de estos modelos que son comunes y universales? ¿Cuáles son las enseñanzas clave de la Biblia que están siguiendo estos modelos?[29]

Siete Esencias de la Iglesia

En el año 2000, más de 300 pastores de más de 35 naciones se reunieron en Indonesia para una Cumbre. Nos reunimos para discutir los problemas que las iglesias enfrentaban en ese momento. En la cumbre, discutimos el tema de los modelos. En ese momento, habían divisiones causadas por ciertos modelos que llamaban a todos a seguirlos. Incuso en la cumbre, algunos preguntaban a otros si ellos estaban siguiendo un modelo en particular o no.[30] Era como en el Nuevo Testamento cuando las personas decían "Yo sigo a Pablo", y otros decían "Yo sigo a Apolo"[31]

En la cumbre, yo propuse que no nos enfocáramos en los modelos, sino que debíamos celebrar la amplia variedad de modelos. Puesto que el modelo funcionó para alguien con

---

[29] Christian Schwarz en su libro, Desarrollo Natural de la Iglesia, ha definido ocho Principios Universales, los cuales ha descubierto a través de investigar 100 iglesias en 32 países. Estos principios son muy interesantes y son las bases del sondeo que puede hacer una iglesia para descubrir en cuales de estos principios la iglesia es fuerte y en cuáles es débil. El resultado es utilizado por los entrenadores para ayudar a edificar iglesias más saludables. (Recursos ChurchSmart).

[30] Esto fue precipitado por la aparición del modelo G12 que salió de Bogotá, Colombia. Causaron mucha controversia al pedirle a la gente que siguiera exactamente su modelo. También en esta época, el modelo de la "Iglesia de Casa" nos era presentado. En uno de sus libros más representativos, "Casas que Cambian el Mundo" el autor utilizó un capítulo para criticar las iglesias celulares. Esto causó cierta polaridad entre los pastores de la Cumbre.

[31] 1 Corintios 3:4.

gran éxito, sugierí que honráramos el modelo, lo apreciáramos y aprendiéramos de él. Sugerí que no enfatizáramos en los modelos sino en determinar la esencia detrás de todos estos modelos en lo que pudiéramos estar de acuerdo. Admití que no estaba seguro de que mi sugerencias funcionarían, pero que si todos estaban de acuerdo con ellas, tomaríamos unos cuantos de los siguientes días para ver si podíamos ponernos de acuerdo en los principios universales que funcionaban en todos los modelos.

Todos pensaron que era una buena idea, aunque muchos (incluyéndome a mi mismo) pensaban que la probabilidad de descubrir patrones comunes no era alta. Para nuestra sorpresa, nos encontramos con siete esencias (principios) en lo que todos estábamos de acuerdo.

En los últimos diez años, he compartido estas siete esencias con cientos de pastores en muchas naciones, y todos están de acuerdo en estos son los principios clave. Estos pastores son de iglesias que operan con varios modelos - ya sean iglesias tradicionales, iglesias celulares, iglesias G12, o iglesias en casa. Sin embargo, todas ellas tienen en común siete esencias.

No estoy diciendo que estos son autoritariamente las Siete Esencias absolutas de la Iglesia de Jesucristo. Sin embargo, he notado que las personas generalmente están de acuerdo con ellas, y me siento seguro cuando los utilizo para enseñar la Iglesia de Cristo.

Tampoco estoy diciendo que usted tiene que estar de acuerdo con estas siete esencias, pero estoy diciendo que no deberiamos enfocarnos en replicar los modelos cuando entrenamos a otros pastores, sino en las esencias.[32] El gran beneficio de enfocarse

---

[32] Incluso si usted no está de acuerdo con estas Siete Esencias, usted debería enfocarse en los principios y no en el modelo cuando se trata de entrenar pastores.

en las esencias es la vida del pastor y las vidas de los miembros pueden ser cambiadas para mejor. El otro beneficio es que no están limitadas a un modelo en particular sino que buscan toman ideas desde varios modelos. ¡Las esencias nos permiten ser creativos!

Por qué Necesitamos Entrenadores

He mencionado que tratar de imitar un modelo nos lleva a la frustración y eventual fracaso para la mayoría de los pastores. Sin embargo, enfocarse en las esencias (principios) también tiene sus dificultades.

Frecuentemente, los modelos pueden ayudarnos a cambiar la forma en que hacemos las cosas en la iglesia. Los modelos nos presentan lo que podemos hacer. Tienen un estructura existente que podemos copiar. Tienen materiales existentes que podemos usar. Son ejemplos que podemos observar. "Venga y vea como lo hacemos y cómo puede usted hacer lo mismo."

• Así es como se dirige un grupo celular
• Así es como se supervisa un grupo celular
• Aquí tiene un manual de como entrenar a sus líderes de células
• Este es el equipamiento que hemos producido para que pueda equipar a sus miembros
• Así es como dirigimos nuestro equipo de alabanza
• Así es como dirigimos nuestro departamento juvenil
• Así es como operamos nuestro ministerio infantil
• La forma de guiar a las personas hacia el Señor en un grupo celular es hacer las siguientes cosas.

La dificultad de imitar un modelo es que la forma en que se hacen las cosas en un lugar puede ser diferente en otro lugar. Lo que funciona en una gran ciudad podría no funcionar en una localidad rural. Las culturas varían de un lugar a otro y de nación a nación. Incluso la cultura de cada iglesia es diferente. Algunas iglesias tienen una larga historia y han formado una cultura que es difícil de cambiar.

La mayoría de las iglesias modelo son mega – iglesias, y han desarrollado un modelo a través de los años que le viene bien a una iglesia grande. Sin embargo, la mayoría de las iglesias que quieren cambiar son iglesias pequeñas. Es imposible implementar con éxito un modelo de mega – iglesia en una iglesia de tan sólo 50 personas.

Tomemos a Salomón, por ejemplo. El es un pastor de una iglesia de ochenta personas y ha estado creando células en su iglesia por cinco o seis años. Tiene alrededor del 70% de su gente en grupos celulares. Su conflicto es que los grupos celulares quieren tener otra reunión para los miembros a mitad de semana. Sus miembros estaban acostumbrados a tener Estudio Bíblico y reunión para oración a mitad de semana los miércoles por muchos años. Asi que ¿Por qué necesitan tener otra reunión llamada "grupo celular"?

Salomón sintió que la reunión celular sería mejor porque al menos más personas estarían participando en esta reunión, aunque fue dificil convencer a los miembros más antiguos de su iglesia.

Un día Salomón descubrió que, como pastor, no estaba construyendo relaciones con otros miembros. El era un pastor "orientado al trabajo". Como pastor asiático responsable, estaba trabajando duro en hacer todo lo que él pensó que necesitaba hacer, pero incluso su propia relación con su esposa estaba en mal estado.[33] Se dió cuenta de que había captado la estructura y

---

[33] La mayoría de las culturas Asiáticas, especialmente las del Este Asiático, son culturas orientadas al desempeño. Crecemos con padres midiendo si somos o no buenos niños por nuestro desempeño en la escuela. Complacer a tus padres significa que

actividad de la iglesia pero no el valor o la esencia de la iglesia celular.

Un cambio decisivo en esta área de construir relaciones trajo un gran cambio y bendición a toda la iglesia en un muy corto tiempo. La más grande bendición para Salomón fue que su relación con su esposa e hijos tuvo un cambio radical, y ahora el es una persona y un pastor feliz.

Como en el caso de Salomón, lo que los pastores y las iglesias necesitan es entender los valores o esencias de una iglesia y enfocarse en cambiar eso primero. Necesitamos individualizar o implementar estas esencias en nuestras propias vidas y luego en las vidas de nuestras iglesias.

Aquí es cuando el entrenamiento es más necesario. Muchos pastores no están entrenados para transmitir la verdad a las vidas de sus miembros. Es por esto que muchos pastores fracasan incluso al intentar imitar el modelo. No saben cómo hacer los ajustes necesarios para implementar las verdades que cambiarán sus vidas personales y las vidas de sus iglesias.

Para individualizar e implementar estas esencias, las personas necesitan un entrenador para que camine a su lado, para hablar de las cosas, para evaluar, para enseñar con el ejemplo, y para inspirar.

Describiré brevemente las siete esencias que encontramos en el 2000 en Indonesia.

Estoy usando estos principios en los mini seminarios de las

---

tienes que trabajar duro en desempeñarte bien en todas las áreas de tu vida – en la escuela, tocando el piano, en el deporte, en presencia de parientes, etc. Así que cuando somos adultos, aún tenemos este complejo de desempeño, y lo pasamos a nuestra próxima generación.

redes de entrenamiento y he encontrado una gran receptividad por parte de todos estos pastores.[34] La manera en que estamos entrenando es ayudar a los pastores a entender e implementar estas esencias en sus iglesias.

Esencia 1 – Relación

Hoy en día, cuando las personas piensan en la iglesia, con frecuencia piensan en ir a un edificio. Cuando alguien le dice en una mañana de domingo, "¿A dónde vas?" con frecuencia respondemos, "Voy a la iglesia." Por supuesto, ¡eso no es correcto!

Usted no puede ir a la iglesia. La iglesia no es una organización, una institución, un edificio o incluso un servicio de adoración. Más bien, la iglesia es la gente de Dios.

Usted no puede ir a la iglesia. La Biblia nunca habla de "ir a la iglesia." Los creyentes son la Iglesia. Nuestras vidas son Su templo. El Nuevo Testamento reserva la palabra "ecclesia" para referirse a la gente de Dios.[35] nunca usa esta palabra para referirse a un edificio de ningún tipo. Donde usted esté es donde la Iglesia está (la Iglesia es más que una persona). Cuando usted está en casa, ahí es donde está la iglesia. Cuando usted está en el trabajo, ahí es donde está la Iglesia. (La Iglesia es más que una persona. Las enunciaciones anteriores no están correctas)

Desde que era un joven creyente, escuché a muchas personas decir, "Si quieres entender a la iglesia debes estudiar el libro de Efesios. Es el Libro de la Iglesia." Como resultado, he estudiado el libro muchas veces para entender a la Iglesia.

---

[34] Si usted está interesado en estas esencia, esté atento a un libro que publicaré donde escribiré en detalle estas 7 esencias y cómo aplicarlas a la iglesia.

[35] Esta es la palabra griega para "iglesia."

En mi estudio de Efesios, descubrí que el libro se trata de relación, amor y unidad. Cuando el Nuevo Testamento nos enseña acerca de la iglesia, enfatiza relación, amor y unidad. Efesios 2:14-15 dice: " Porque el mismo es nuestra paz, quien ha hecho de dos uno y ha destruido las barreras, la pared divisora de la hostilidad, aboliendo en su carne la ley con sus mandamientos y regulaciones. Su propósito era crear en sí mismo de dos un hombre nuevo, haciendo por tanto, la paz."

Vea éstos términos de este pasaje:

• Hacer la paz
• Reconciliación
• Hacer "un nuevo hombre"
• No más paredes
• Destruir las barreras
• Hacer de dos uno
• Crear en sí mismo un nuevo hombre

¿Entiende el mensaje?

Jesús murió, nos sólo para salvarnos individualmente, sino para crear una nueva humanidad, una nueva sociedad, una que no tiene barreras u hostilidad. Es una humanidad que es completamente unida.

¿Y qué es esta nueva humanidad? ¡Es la Iglesia! De hecho, la unidad es de todo lo que trata la iglesia.

La Iglesia es un ejemplo viviente para el mundo de la comunidad amorosa y unida que Dios ha planeado para la humanidad – como se supone que debe ser la humanidad.

El capítulo continúa diciendo que:
• Somos miembros de la familia de Dios[36]

---

[36] Efesios 2:19.

• Nos unimos juntos al convertirnos en el templo de Dios[37]
• Estamos edificados juntos para ser el lugar de morada de Dios[38]

(Efesios 4:3) *"Hagan todo esfuerzo para mantener la unidad del Espíritu mediante el vínculo de la paz."* Aquí las palabras son claras. Debemos "hacer todo esfuerzo", "dar todo lo que tenemos", "hacer de esto nuestra prioridad", y "poner toda nuestra energía en ello". ¿Y que se supone que hagamos?

• ¿Orar?
• ¿Leer la Biblia?
• ¿Evangelizar?

!NO! ¡Mantener la unidad! ¿Entiende el mensaje?

Entonces llegan las siete referencias de "uno"
• Un cuerpo
• Un Espíritu
• Una esperanza
• Un Señor
• Una Fe
• Un bautismo
• Un Dios y Padre de todos

Efesos nos enseña entonces tres relaciones básicas donde el amor y la unidad deben ser vividos:
• Esposo y esposa [39]
• Padres e hijos[40]
• Empleador y empleado[41]

---

[37] Efesios 2:21.
[38] Efesios 2:22.
[39] Efesios 5:22-33.
[40] Efesios 6:1-4.
[41] Efesios 6:5-9.

Estas tres relaciones cubren la mayoría de las vidas diarias de las personas. No obstante, estas tres áreas de relación a veces no son consideradas por la iglesia como áreas importantes para el ministerio. Si es un buen esposo o padre, podría no ser apreciado o considerado por la iglesia como estar sirviendo bien a Dios. Si usted es un agente de unidad y amor en su trabajo secular, ¡podría no ser considerado como servir a Dios por la iglesia!

Es importante recordar que la vida en la iglesia no está limitada a los confines del edificio de la iglesia. De hecho la Primera Iglesia no tenía ningunos edificios. En la Primera Iglesia, la Cristiandad era la única religión en el planeta que no tenía objetos sagrados, personas sagradas ni espacios sagrados. Los Judíos tenían sus sinagogas, y las religiones paganas tenían sus templos, pero los primeros Cristianos fueron las únicas personas religiosas en la tierra que no erigieron edificios sagrados para la adoración. La fe Cristiana era practicada en los hogares, patios y a la orilla de los caminos.

La vida y práctica en la Iglesia no está limitada a lo que hacemos en el Servicio del domingo. El Nuevo Testamento ni siquiera requiere los Servicios del domingo en la forma que los tenemos actualmente.

La Iglesia debe tratar acerca de relación, amor, y unidad. La Iglesia debe tratar acerca de nuestras vidas diarias.

Muchos pastores están trabajando duro y son personas solitarias que no tienen amigos cercanos. Hay algo mal en el ministerio de los pastores hoy en día. La Iglesia se supone que se preocupe por las personas y las relaciones. Necesitamos urgentemente traer de vuelta las esencias de la Iglesia.

En mi jornada de entrenar a pastores y a iglesias, incluso

descubrí que muchas personas no saben cómo construir relaciones (especialmente con las personas cercanas a ellos).[42]

ESENCIA 2 – PARTICIPACIÓN

En un contexto teológico, esta esencia es llamada "clero de todos los creyentes" en el mundo teológico. En otras palabras, aquellos que se llaman a sí mismos seguidores de Jesucristo deben "seguir" a Jesús. Necesitan seguir el camino de Jesús, el cual es el camino al discipulado.

Una persona no se convierte primero en un creyente y más tarde en su vida en un discípulo. Desde el primer día, él es un seguidor de Jesús, y eso quiere decir que él es un discípulo.

Seguir a Jesús quiere decir ser lo que Jesús quiere que seamos y hacer lo que Jesús quiere que hagamos. Todos deben participar en la voluntad de Dios para su vida. Jesús enseñó a sus discípulos a orar que la voluntad de Dios se hiciera en sus vidas. Dios es amor, así que quien Lo sigue debe caminar en el amor. El amor es la naturaleza de Dios. Aquellos que aman a Dios deben caminar en el amor, lo cual quiere decir amar a Dios y a otros. El amor es dar más que recibir. Es por eso que Jesús dice que cualquiera que desee seguirlo debe renunciar a sí mismo y tomar la cruz (la cual es el símbolo del sacrificio). Estamos llamados a una vida de dar. En la economía de Dios, para realmente tener una vida abundante, debes renunciar a tu vida.[43]

El diablo se trata acerca del "sí mismo". De hecho uno de sus

---

[42] Muchas culturas asiáticas – y definitivamente las culturas del Este Asiático (chinos, japoneses y coreanos) – los personas externas son tratadas mejor que nuestras propias relaciones familiares. De hecho, tratamos a las personas más cercanas a nosotros de la peor manera. Es por eso que entrenar a pastores en edificar buenas relaciones con su esposa, hijos, y poner el liderazgo en la iglesia es muy importante.
[43] Lucas 9:23-24.

engaños clave es hacernos egocéntricos. La vida de Dios es una vida de dar y de auto sacrificio. Jesús dijo que "eres mucho más feliz dando que recibiendo "[44]. Eso es lo que ha hecho el Hijo del Hombre: Él vino a servir, no a ser servido – y después a dar su vida a cambio de los muchos quienes son cautivos" (Mateo 20:28, Mensaje).

Cada seguidor de Jesús está designado por Dios a ser un dador, un contribuidor, y un participante en la voluntad de Dios.

Si cada uno es un participante, entonces participar no puede estar solamente en lo que hacemos en el edificio de la iglesia o en la organización de la iglesia. La participación debe estar en lo que Jesús quiere que hagamos en el mundo. Jesús dice que somos la luz del mundo y se supone que la luz brille en la oscuridad del mundo.

La primera esencia nos muestra la importancia de nuestras vidas en nuestra familia y nuestro sitio de trabajo. Esta es la participación primaria de la iglesia de Dios a través de cada Cristiano haciendo su parte en estos lugares.

Participar en el hogar ha tenido un gran impacto en muchos de los pastores de la redes de entrenamiento tanto en Japón como Hong Kong.

Jeremy asistió a una red de entrenamiento en Japón, y su testimonio personal conmovió a muchos en esta red.

El primer impacto de unirse a la red de entrenamiento fue en su matrimonio. El reconoció que casi perdía a su esposa por desatención. Su relación estaba por finalizar. Despues del nuevo reconocimiento de la importancia del hogar, hizo un esfuerzo

---

[44] Actos 20:35 (Mensaje).

para relacionarse con su esposa, el resultado fue un giro de 180°. Su esposa vio esperanza en el matrimonio conforme el esposo pastor de pronto captó la nueva esencia de la iglesia – ser un pastor se trata de la vida, no del trabajo.

Otro pastor dijo, "He estado en el ministerio por 40 años y nunca había priorizado a mi familia en mi vida. Entender esta esencia me ha dado vida nueva."

La iglesia es participar en el Reino de Dios en el mundo. La Iglesia del Nuevo Testamento es una iglesia que envía. Jesús dijo, "Como el Padre me ha enviado, así los envío a ustedes."[45] La manera en que Jesús entrenó a Sus discípulos era enviarlos a hacer cosas. La iglesia no se supone que sea una "iglesia para venir" sino una "iglesia que va". No quiere decir que no podamos reunirnos, pero nos reunimos para que podamos dispersarnos para ser la luz de Dios en el mundo. Nuestra mayor participación como gente de Dios es en el mundo – para ver el Reino de Dios establecido en el mundo.

Muchas de las iglesias de la red de entrenamiento también se vuelven más hacia el exterior cuando captan la verdad de participar en el plan de Dios.

Uno de las iglesias que entrena[46] ha estado compartiendo esta esencia con los miembros de la iglesia. Actualmente las iglesias japonesas son famosas por ser muy hacia al interior. Tanto el equipo de trabajo como los miembros empezaron a ver que muchos de los nuevos contactos no querían regresas a la ubicación de esta iglesia. Así que empezaron a pensar en la posibilidad de traer la iglesia a las personas en vez de traer las personas de regreso a la iglesia.

---

[45] Juan 20:21.

[46] Con esto queremos decir la iglesia de un entrenador.

"No traigas a las personas a la iglesia, sino trae la iglesia a las personas." Algunos miembros llevaron la iglesia a un hogar de niños, y la administración del hogar realmente lo agradeció.

El pastor descubrió que había una casa donde ex drogadictos vivían juntos para apoyarse uno al otro para mantenerse alejados de las drogas.

Seguían los 12 pasos, similar al Alcohólicos Anónimos, y el paso 2 les decía que confiaran en un "Ser Superior." Habían 26 hombres que vivían juntos – algunos habían estado ahí por varios años. No tenían muchas esperanzas de mantenerse alejados de las drogas si se iban. Las buenas noticias eran que dos de ellos llegaron a conocer al Señor y están re encontrando nuevas esperanzas en Jesús y Su Iglesia. Llegó el pensamiento de que podían empezar una "iglesia simple" en la casa.

Ahora la iglesia tiene una nueva visión de empezar diez "iglesias simples" en los próximos 5 años. Esto es simplemente increíble para una iglesia japonesa. Los miembros están tan emocionados con esta nueva visión. Las personas han estado orando y realmente desean hacer lo que Dios quiere que ellos hagan. Una vez que la visión sea iniciada, el objetivo de las diez nuevas iglesias ya se habrá logrado.[47]

La otra cosa emocionante de esta iglesia es que el pastor Sénior quien estaba pastoreando la iglesia cuando la red de entrenamiento comenzó ha captado completamente la visión de entrenamiento y ha entregado la iglesia a un hombre más joven después de haber estado ahí por muchos años. Este tipo de entrega no pasa con frecuencia en Japón. Es normal para un pastor no retirarse hasta que no puede trabajar más. Ahora este

---

[47] Estarán lanzando esta visión en Octubre de 2010, pero ya tiene más de diez grupos listos para empezar una nueva iglesia. Solamente están esperando que la iglesia lance de manera oficial esta siembra de iglesias.

hombre más joven esta liderando la iglesia hacia adelante. El carácter distintivo completo de la iglesia ha cambiado de una iglesia más bien hacia el interior a una iglesia que tiene a la mayoría de sus miembros participando para llevar a la iglesia hacia adelante. Están tomando el liderazgo para ver el Reino de Dios llegar donde quiera que estén.

Esencia 3 – Dar Poder

Puesto que cada miembro de la iglesia debe ser un participante, entonces es obvio que darles poder para participar debe ser muy importante para la iglesia. Las personas no son normalmente contribuidoras. Este es un mundo consumista, y la mayoría de las personas que vienen a Jesús aún esperan ser Cristianos consumidores. Las personas esperan que otros en la iglesia les den algo. Las personas incluso utilizan a Dios del mismo modo – dame, dame, dame.

Debido a que las personas crecen como consumidores y viven en un mundo consumista, muchas iglesias se han convertido en iglesias consumistas.

Proveen todos los servicios que los miembros desean y no les dan poder a los miembros para que contribuyan. Muchos miembros de la iglesia ven al pastor como alguien contratado por la iglesia para cuidar de los asuntos de la iglesia y para hacer el trabajo del ministerio en la iglesia. Es por eo que esperan que el pastor haga la mayor parte del trabajo.

Sin embargo, cada miembro de la iglesia se supone que sea participante, y el trabajo del pastor y los líderes es darles poder para que puedan hacer el ministerio. Christian Scharwz lo explica de esta forma.

> *Los líderes de iglesias en crecimiento se concentran en dar*
> *poder a otros Cristianos para ministrar. No usan obreros*
> *laicos como "ayudantes"... más bien, el líder ayuda a los*
> *Cristianos a alcanzar el potencial espiritual que Dios*
> *tiene para ellos. Estos pastores equipan, apoyan motivan y*
> *son mentores de las personas, haciéndolos capaces de llegar*
> *a ser todo lo que Dios quiere que ellos sean. Más que*
> *manejar el groso de responsabilidades de la iglesia por sí*
> *solos, invierten la mayor parte de su tiempo en discipulado,*
> *delegación, y multiplicación. Por tanto la energía que*
> *gastan puede ser multiplicada indefinidamente.*[48]

Ya hemos visto que Efesios, el libro que muchos ven como un libro clave para nuestro entendimiento de la iglesia, se trata de relación, amor y unidad – en lo cual todos los Cristianos pueden participar. ¿Qué dice Efesios acerca de los líderes?

> *"Y Sus dones fue para unos ser apóstoles, otros profetas,*
> *otros evangelistas, otros pastores y maestros. Su intención*
> *era el perfeccionamiento y completo equipamiento de los*
> *santos, [que ellos debían hacer] el trabajo de ministrar*
> *hacia la edificación del cuerpo de Cristo (la iglesia).*[49]*"*

La intención de Dios para la iglesia es que todos los santos deberían estar completamente equipados para que puedan hacer el trabajo del ministerio de edificar la iglesia. La iglesia actualmente es muy organizacional, y aún vemos a estos apóstoles, profetas, etc. como puestos en la iglesia.

Como resultado, perdemos el punto más importante de todo el pasaje: Que todos los santos deberían participar en la edificación del cuerpo de Cristo.

---

[48] *Desarrollo Natural de la Iglesia*, Christian Schwarz, p. 22-23.
[49] Efesios 4:11-12 (Ampliado)..

Para hacer que esto suceda, la gente de Dios necesita que se le de poder. No estoy seguro de que sólo hayan cinco funciones necesarias para equipar completamente a los santos, pero Dios proveerá al cuerpo con los equipadores necesarios para hacer esto.

"Desde él, todo el cuerpo, unido y ajustado por cada ligamento que lo sostiene, crece y se edifica a sí mismo en amor, conforme cada parte hace su trabajo" (Efesios 4:16). ¡Esta también es la manera de Jesús! La mayor parte del ministerio de Jesús era entrenar a los hombres que Él había escogido. El se concentró en los doce hombres, pero sin desatender a los setenta o a las multitudes. Antes que fuera a la cruz, el oró principalmente por los doce – ese era Su trabajo de vida.

Su ministerio tocó a miles, pero El entrenó a doce hombres. El dio su vida en la cruz por millones, pero durante los tres y medio años de Su ministerio El dio Su vida únicamente a doce hombres.

Al final, Sus instrucciones para Sus discípulos fueron muy claras, "Vayan y hagan discípulos de todas las naciones." Vayan y hagan los mismo que les he hecho a ustedes.

En mis muchos años de entrenar a otros pastores y en mi conexión con muchos más pastores a través de la red de entrenamiento en los últimos cuatro años, me he dado cuenta de que hacer discípulos a otros creyentes es el área más débil del ministerio de pastores.

En mi capítulo previo, hablé de Matt quien está coordinando la red de entrenamiento en Shikoku. Matt me dijo que lo que más cambió su iglesia fue que ahora el no pasa tanto tiempo en la oficina. Como típico pastor japonés, solía pasar mucho tiempo en el edificio de la iglesia y en la oficina de la iglesia. Ahí es donde hacía la mayor parte del pastoreo.

A través de entender el principio de dar poder, ha podico comprender que necesita dar poder a sus miembros para que sean eficaces para Jesús en donde ellos se encuentran en sus vidas diarias. Ha comenzado a seleccionar a unos cuantos para hacerlos discípulos y el va a donde ellos están trabajando para ayudarlos a ser eficaces ahí para Jesús.

Ahora sus miembros están empezando a traer cambios para Jesús en su ambiente de trabajo. Un maestro está empezando a causar un impacto para Jesús en su escuela. Matt dice que ahora él es más valioso como pastor. Ahora ve a su iglesia tener un impacto en su distrito.

Esto nos lleva a un punto muy importante en dar poder: no le de poder a sus miembros para participar en el edificio de la iglesia. La mayoría de los pastores dan cierto tipo de entrenamiento para sus miembros. Sin embargo, la mayor parte del entrenamiento se realiza en el edificio de la iglesia. Dar poder no puede ser un curso o una serie de materiales educativos. (aunque podemos utilizarlos). El dar poder a nuestros miembros debe llevarse a cabo dentro de sus vidas diarias más que en ambientes artificiales.

Esencia 4 – Enfocarse en Jesús

Es básico que reconozcamos que Jesús es el líder de la Iglesia y no el pastor Sénior. En la mayoría de las iglesias, cuando algo sucede los miembros acuden al pastor en lugar de acudir a Dios. Es obvio que la iglesia es dependiente del pastor más que dependiente de Jesús.

¿Cómo es nuestra iglesia dependiente de Jesús? ¿Cómo será diferente nuestra iglesia si Jesús o el Espíritu Santo es apartado de nuestra iglesia? ¿Qué cambiará? ¿Seguirá la vida? ¿Qué estamos haciendo ahora que es verdaderamente dependiente de Jesús? ¿Qué es lo que estamos haciendo que no podemos hacer sin Jesús?

Es por eso que los mejores momentos son cuando realmente estamos perdidos sin Dios, cuando no podemos hacerlo con nuestra propia sabiduría o nuestros propios recursos. Por supuesto que es incluso mejor cuando nos damos cuenta de que verdaderamente necesitamos a Dios en todo lo que hacemos.

Jesús dijo *"Eres bendecido cuando estás al final de tu cuerda. Con menos de ti hay más de Dios y su mandato ."*[50]

Estas fueron las primeras palabras que Jesús dijo cuando empezó a predicar. ¡Qué gran declaración! La mayoría de las personas consideran estar al final de su cuerda como algo malo, pero no el Reino de Dios. Cuando soy débil, es ahí cuando El puede ser fuerte. Es por eso que la Iglesia no debe quedarse sin dificultades ni tribulaciones. Ellas nos hacen más dependientes de Él.

Jesús dijo "Les he dicho todo esto para que confiando en mí, sean inquebrantables y estén seguros, profundamente en paz. En este mundo sin Dios continuarán experimentando dificultades. !Pero estén seguros! He conquistado el mundo. "[51]

Las dificultades son parte normal de la vida Cristiana. No rechace a los problemas como enemigos sino deles la bienvenida como amigos. Han venido a ayudarle a entrenarle a clamar a Dios por ayuda. Cuando ha experimentado que Dios es más grande que todas sus circunstancias, lo hará más fuerte y menos temeroso ante la vida.

---

[50] Mateo 5:3 (Mensaje).

[51] Juan 16:33 (Mensaje).

Santiago dice: "Consideren que es un verdadero regalo, amigos, cuando las pruebas y los retos llegan a ustedes de todos lados. Saben que están bajo presión, su vida de fe es obligada a abrirse y mostrar su verdadera esencia. Así que no traten de escapara de nada prematuramente. Déjenlo hacer su trabajo para que lleguen a ser maduros y bien desarrollados, no deficientes en ninguna forma".[52]

Poniéndolo de otro modo, no busque siempre la salida fácil de las cosas. No sólo trate de hacer lo que es posible y fácil de hacer. Dios con frecuencia trae dificultades a nuestras vidas para hacernos más fuertes.

La clave es "¿Qué haría Jesús?" "Enfocarse en Jesús significa también que Lo sigamos como ejemplo. Lo qué haría Jesús es con frecuencia muy diferente de lo que el mundo haría o lo que se nos enseñó a hacer. Recuerde que la Iglesia es enfocarse en seguir a Jesús y no al mundo en que vivimos o crecimos.

Michael Frost y Alan Hirsh escribieron un libro titulado Re Jesús: Un Mesías Alocado para una Iglesia Misionera. Note su enfoque de Jesús en nosotros:

> *Para seguir a Jesús debes también imitarlo, usando Su vida como un patrón para la tuya. Llamamos a esta imitación convertirse en un "pequeño Jesús". Cuando nos llamamos a nosotros mismos pequeños Jesús, no estamos proclamando poder caminar sobre el agua o morir por los pecados del mundo. No, ser un pequeño Jesús significa que adoptamos los valores personificados en la vida y enseñanza de Jesús. Sólo Jesús fue capaz de alimentar a miles con pequeñas cantidades de pan y pescado, pero como pequeños Jesús podemos abrazar los valores de hospitalidad y generosidad. Podríamos no ser capaces de*

---

[52] Santiago 1:2-4 (Mensaje).

predicar a las multitudes, pero podemos comprometernos a decir la verdad y no mentiras. No podemos morir por los pecados de nadie, pero podemos abrazar el no egoísmo, el sacrificio y el sufrimiento.[53]

La iglesia necesita entrenar a sus miembros para que puedan escuchar al líder que es Jesús. Lo mejor que podemos hacer es dar poder a nuestros miembros para que estén directamente conectados al líder. ¿Qué es lo que el líder quiere que hagamos? ¿Qué haría Jesús en estas circunstancias?

La iglesia necesita darse cuenta que orar no es una reunión, aunque podamos tener reuniones de oración. Orar es expresar nuestra dependencia de Dios. Orar no es un ritual por el cual pasamos. En cambio, es verdaderamente confiar en Él. ¿Verdaderamente vemos hacia Él y continuamos y hacemos lo que Él quiere que hagamos sin importar las circunstancias?

• Jesús confió el futuro de la Iglesia a Sus discípulos quienes tenían débiles fallas – esconderse por temor de sufrir o ser perseguidos. ¿Nos atrevemos a confiar el ministerio a personas imperfectas?

• Jesús mandó a sus discípulos, y les dijo que no llevaran ni una bolsa con ellos, pidiéndoles que confiaran totalmente en Dios sus medios de vida. ¿Nos atrevemos a ministrar sin tener el dinero para hacerlo?

• Jesús exponía a sus discípulos a situaciones peligrosas. Los llevaba en medio de una tormenta en un bote. Los trajo a una misión que significaba persecución por parte de otros. ¿Nos atrevemos a exponernos cuando puede haber peligro y sacrificio?

• Jesús sufrió como resultado de lo que hizo. Incluso fue a la cruz aún cuando sabía el riesgo que estaba corriendo. ¿Nos

---

[53] Michael Frost y Alan Hirsch, *Re Jesus: Un Mesías Alocado para una Iglesia Misionera.*, Introducción.

atrevemos a tomar la cruz tambiény seguir a Jesús?
• Jesús se opuso a las autoridades de Sus días cuando estaban equivocadas. ¿Nos atrevemos a hacer lo que Él hizo?
• Jesús hizo lo que era imposible para el hombre. Curó a los enfermos y expulsó demonios, etc. ¿Nos atrevemos a seguir sus pasos?

Esencia 5 – Alcance y Multiplicación

Si la iglesia es enfocarse en Jesús, entonces necesitamos estar preocupados de lo que Jesús se preocupaba.

Jesús vino por una razón únicamente – y es para buscar y salvar al que está perdido. Él empezó la Iglesia por una única razón – y es para terminar la labor que Él había comenzado – y este es buscar y salvar al que está perdido.[54]

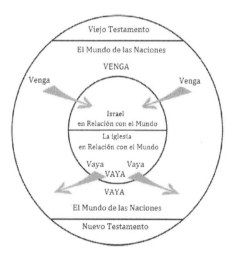

La Iglesia del Nuevo Testamento es distinta a la Iglesia del Antiguo Testamento (como se ilustra en el diagrama de la

___
[54] Lucas 19:10.

derecha.) En el AT, la Iglesia está centralizada en una nación (Israel), luego en una ciudad (Jerusalén), después en un templo, y después en el Santo de Santos (la presencia de Dios). El mundo de naciones tendrá que venir a Israel a ver la grandeza de Jehová Dios.

Cuando Jesús murió en la cruz, el velo entre el Santo de Santos y el Lugar Santo se rompió en dos. Este evento cataclísmico simboliza que la presencia de Dios está ahora en todas partes. Ya no existe más un templo porque ahora nosotros somos el templo de Dios. El motivo de la iglesia ha cambiado de modo "venir" a modo "ir". La relación entre la Iglesia y las naciones del mundo es "ir". La esencia de lo que Jesús dijo a los discípulos después de su resurrección es "Vayan al mundo".

La orden de ir es la esencia de la Gran Comisión de la Iglesia. La iglesia no debe tener una mentalidad de "venir". En el NT, no hay un edificio de la iglesia. Pero actualmente, muchas iglesias están todavía en modo de "venir" al edificio para adorar a Dios del AT. Podemos adorar a Dios en cualquier parte puesto que Dios está en nuestro -- . Las escrituras nos dicen que donde dos o estén reunidos en Su nombre, Él está en ---. La iglesia es la gente de Dios dondequiera que estén.

Un día, estaba dando clases en una iglesia coreana bastante conservadora acerca de estas esencias de la iglesia, y el pastor Sénior habló conmigo. Estaba de acuerdo con lo que compartí, y me dijo, "Cuando prediques el domingo en la mañana, no quiero que uses traje y corbata. Quiero que uses una playera. Esto nunca ha pasado antes en una iglesia.[55] Tal vez después de este domingo, me despidan. Yo traduciré por ti, y también usaré una playera."

---

[55] Esto nunca se había oído de una iglesia coreana. Ellos siempre son formales y usan traje y corbata.

Así que el pastor me dio una playera que había comprado con anterioridad, pero que nunca había usado. El domingo, aparecí con esta playera, y el pastor también usó una idéntica. Al pararnos delante de la congregación, todos se nos quedaron viendo con las playeras blancas. El pastor le preguntó a la congregación si era extraño vernos en playeras, y todos asintieron con la cabeza y boquiabiertos.

Entonces, el hizo que nos diéramos vuelta. Ahí estaban en la parte de atrás con grandes letras las palabras "NO VAYAS A LA IGLESIA". Fue un mensaje impactante para todos. Luego debajo de estas grandes palabras estaban palabras pequeñas, "¡SÉ LA IGLESIA!"

¡Entonces comencé mi mensaje con este tema!

Tu eres la Iglesia dondequiera que vayas – ¡así que sé la iglesia!

También tenemos el Gran Mandamiento: Amar a Dios y amar a nuestro prójimo. Alguien le preguntó a Jesús, "¿Quién es mi prójimo?"a esta pregunta, Jesús dio una parábola llamada el Buen Samaritano. La esencia de este mensaje es que no es la persona que vive al lado mío es mi vecino, sino la persona que está necesitada y que no puede ayudarse a sí misma. Si estoy dispuesto a dar una mano y ayudar, entonces yo soy un prójimo.

Amar a nuestro prójimo no es una elección que pueda hacer la Iglesia. En cambio, es un mandamiento dado en paralelo a amar a Dios.

Nosotros al ser la Iglesia necesitamos ser una Iglesia que va y que brilla para Jesús donde quiera que estemos – en nuestro hogar, en nuestro lugar de trabajo, en el lugar que vivimos, y también para los necesitados de la sociedad.

ESENCIA 6 – HACER REDES

Todos somos una parte de un mismo cuerpo. Somos parte de un todo. Jesús no vino a establecer muchas iglesias sino una sola Iglesia – y esa es Su Iglesia.

Un día estaba predicando en mi propia iglesia, Iglesia Comunitaria del Pastor, para el Domingo de Visión, el cual es el primer domingo del año. Es ahí cuando compartimos con toda la iglesia la visión de nuestra iglesia para el año. Como era nuestro Domingo de Visión, era una celebración combinada de todas nuestras congregaciones y casi todos iban a estar ahí.

Antes de que llegara el domingo, alguien del equipo de trabajo me llamó por teléfono para preguntarme cuál era el título de mi sermón porque querían preparar las canciones de alabanza. Mi respuesta para ellos fue, "Lo descubrirán ese día." En esa mañana otras personas me llamaron para preguntarme el título y les dije "Lo sabrán después."

Cuando llegué al salón donde íbamos a llevar a cabo la celebración, algunas personas me preguntaron el título, pero les dije, "Lo sabrán." Finalmente, en el momento de oración antes de la celebración, me preguntaron nuevamente, y dije, "Dios no está interesado en la Iglesia Comunitaria del Pastor." Obviamente pensaron que estaba bromeando, puesto que me gusta bromear. Me preguntaron "¿En serio? ¿No está bromeando?"

Así que me levanté en el momento del sermón y dije a toda la audiencia, "Hoy, el tema de mi sermón es '¡Dios no está interesado en la Iglesia Comunitaria del Pastor!' " ¡Todos se rieron!

Luego dije, "¡Dios está interesado en Su Iglesia! ¡Dios está interesado en la ciudad de Hong Kong! ¡Dios está interesado en la gente de Hong Kong! !Dios está interesado en las iglesias en Hong Kong! Pero no está interesado en la Iglesia Comunitaria del Pastor. ¡Hay una sola Iglesia, y esa es la Iglesia de Jesucristo! ¡Sólo somos importantes si somos parte del todo!

Siendo honesto, este valor es el más difícil de entender para las iglesias. He estado involucrado en la red de iglesias por más de quince años, y es una situación muy solitaria en la cual estar. La mentalidad de "mi iglesia" es tan fuerte en el mundo Cristiano que hacer redes juntos es un prioridad menor para la mayoría de los pastores. Incluso me atrevería a decir que es "la menor". Para la mayoría de los pastores, este carácter distintivo de ser "parte de un todo" no existe. Ciertamente no es un valor en la mayoría de los seminarios.

No obstante, en mi opinión esta esencia es la número uno para la Iglesia de Jesucristo para impactar el mundo y entrar en el Reino de Dios. Sin esto, no podemos ser fuertes, y la iglesia no tiene poder.

Recientemente, he visto una esperanza a través de las redes de entrenamiento. Las personas al experimentar el dar incondicionalmente por parte de otras iglesias, esta esencia comienza a quedarse en los pastores.

Después de asistir a la red de entrenamiento por primera vez, Abraham, un pastor que está en sus 60's, compartió con todos lo siguiente: "He sido pastor y he estado en el círculo de la iglesia por muchos años y he estado en muchas conferencias, seminarios, y reuniones. Sin embargo nunca había estado en uno como este, donde los pastores están tan abiertos a compartir sus vidas con otros y donde las personas vienen a dar libremente más a que recibir. Esto verdaderamente un milagro para la

Iglesia de Jesucristo. Nunca pensé que esto fuera posible. Es como vivir en un sueño."

Este pastor lloraba al compartirlo con nosotros. Estaba lleno de gozo.

Me dije a mí mismo, "Este es el comienzo de la realización de un sueño. Aún cuando sólo es el principio, estoy lleno de un gozo inexpresable."

Esencia 7 – Estructuras Adaptables

Desafortunadamente, la Iglesia de Jesús mundial se ha institucionalizado. En el pasado, nos encantaba la iglesia organizada y la religión institucionalizada. A las personas les gustaba vivir dentro de los límites de las normas de la iglesia porque los hacía sentirse seguros. Pero esto es algo del pasado. Ahora estamos entrando a una nueva epoca de la historia de la humanidad.por todo el mundo, las personas están alejándose de la religión organizada. El interés por la religión organizada está cayendo rápidamente.

En Japón, un encuesta Gallup del año 2006 descubrió que solamente el 30% de los adultos dijeron que tenían una religión y sólo el 20% de la juventud tenía una. Esto fue una sorpresa para muchas personas porque es sabido que los japoneses son personas religiosas. Son Budistas o Sintoístas. Sin embargo la encuesta nos dice que los japoneses se están alejando de la religión institucional como la conocemos.

La religión ha perdido su relevancia para las personas de este mundo, pero Jesús es relevante. No haga de la Cristiandad una religión porque Jesús nunca vino a iniciar una religión. Jesús vano a traernos a Dios y para que experimentáramos una nueva vida. Su venida nos permitió vivir de una forma nueva.

Muchas iglesias tienen una norma para cada cosa. Tener membresía. Muchas iglesias determinan la "membresía responsable" haciendo una lista de directrices para ser un buen miembro. Estas directrices terminan convirtiéndose en normas. ¿Qué es un buen líder celular? Esa es otra buena pregunta que con frecuencia se define con otra lista de normas.

Incluso las cosas espirituales llegan a estar estructuradas. Necesitamos orar por los enfermos. Así que ¿Cómo oramos por los enfermos? Primero que nada necesitamos trabajar en equipo, y el equipo necesita estar unido, así que el equipo primero tiene que pasar tiempo orando juntos antes que de podamos orar por los enfermos. Y luego tenemos que poner aceite en la persona enferma. Después de un tiempo, esto se convierte en normas y estructura.

No está mal tener una estructura, pero la estructura está para servirnos y no para controlarnos. De todo lo que se trata la Iglesia es de la vida y las relaciones. Estamos para ser guiados por Jesús y el Espíritu Santo. Con frecuencia es difícil poner al Espíritu Santo en una estructura. La estructura debe ser adaptable a la situación.

Los modelos son buenos, pero los modelos no están para decidir como debemos hacer la iglesia. El mundo está cada vez más harto de las instituciones. El mundo está buscando relevancia y Jesús es relevante. No estamos para ser regidos por la estructura sino para ser guiados por la misión radical de Jesús para un mundo perdido y en necesidad. El amar a Dios y amar a nuestro prójimo no siempre puede estar estructurado. El corazón es la clave del amor. La disposición para perdernos a nosotros mismos y preocuparnos del servicio y sacrificio más de estar preocupados por el estilo o la estructura o como debe llevarse a cabo - esto es tener una estructura adaptable.

CONCLUSIÓN

Entrenar debe ir más allá de imitar modelos. Debe ayudar a la persona a individualizar e implementar las esencias de la iglesia y al hacer esto crear un nuevo valor y una nueva cultura en la Iglesia. No obstante, !debemos recordar siempre que un cambio en la vida es la clave!

Capitulo 9

HACIENDO UN PLAN DE ENTRENAMIENTO,
por Joel Comiskey

En los 90's, aprendí los beneficios de pertenecer a un Club de Automóviles. Antes de viajar un larga distancia en carro, primero le pedía a un trabajador del Club de Automóviles que me indicara en el mapa la mejor ruta. En minutos sabía exactamente como llegar a mi destino. Podía entonces disfrutar el paseo porque mis direcciones estaban escritas claramente.

Ahora puedo hacer lo mismo con Internet, pero el punto es que saber a dónde ir te da paz mental y muchas más probilidades de de hecho llegar ahí.

Si alguien fracasa al planear, planea fracasar. El escritor de Proverbios dijo: "Debemos hacer planes... contando en Dios para dirigirnos" (Proverbios 16:14, TLB). El mismo escritor continúa diciendo, "Cualquier empresa se edifica planeando sabiamente..." (Proverbios 24:34, TLB).

Yo no hice planes concretos con el primer grupo de pastores que entrené en el año 2001. traté de idear un plan sobre la marcha, pero como no sabía mi destino, no podía dar direcciones precisas. Durante ese mismo periodo, uno de los pastores hizo un plan de acción por sí mismo y me lo dio. Me encontré con que usé mucho este plan, al tiempo que me preparé para entrenarlo. Su plan de acción me ayudó a guiarlo más eficazmente.

HACER UN PLAN Y ESTAR LISTO PARA AJUSTARLO

En el año 2003 comencé un ciclo de entrenamiento de tres años con un nuevo grupo de pastores. Pronto me di cuenta de que tenía que ajustar mi plan para cada pastor. Algunos pastores, por ejemplo necesitaban avanzar mucho más lentamente. Como niños, estaban aprendiendo a caminar. Otros querían correr. Conforme fui conociendo a cada uno de ellos, fui ajustando el plan de acuerdo a esto.

Actualmente, ya no entreno a un grupo entero de pastores por un largo periodo de tiempo. Los pastores van y vienen de mi ministerio de entrenamiento, y solo exijo un compromiso de 6 meses.

Algunos pastores llegan con alto nivel de conocimentos del ministerio del grupo celular y otros con muy poco. Ahora tengo que incluir incluso más flexibilidad en el plan de entrenamiento. A veces el plan de acción es más interno (por mi bien) y otras veces, lo comparto con el pastor y trabajamos juntos en él. Estos son los pasos básicos que sigo cuando estoy desarrollando un plan para entrenar a pastores.

1. EMPEZAR CON UNA BASE DE CONOCIMIENTO

Cuando empecé a entrenar, asumí que los pastores sabían más de lo que realmente sabían. Más tarde descubrí que muchos de ellos no tenían los conceptos y principios fundamentales del ministerio de los grupos celulares.

Me comprometí a asegurarme de que los pastores entendieran las bases y crecieran en su conocimiento celular. Mi lema es: Mientras más conocimiento, mejor. Rechazo la idea de que menor conocimiento está bien, o que porque los pastores no siempre implementan lo que saben, está bien darles menos conocimientos.

Lo acepto, podemos exagerar el conocimiento enormemente. Muchos pastores están llenos de conocimiento pero no saben como aplicarlo. No obstante, la falta de conocimiento tampoco es una solución.

Entrenar es en realidad ayudar al pastor a poner en práctica el conocimento. Para ayudarlos a hacer esto, un entrenador primero tiene que asegurarse de que el conocimiento está ahí.

Un gran recurso de entrenamiento es leer libros. Peter Wagner dijo, "Una de las mejores maneras de renovar la mente es leer, leer, leer. Pocos líderes que no leen estarán a la vanguardia." [56]Motivo a los pastores a leer literatura de grupos celulares en el tiempo entre nuestras reuniones de entrenamiento.

Algunos pastores prefieren no hacer esto. Prefieren tenerme 100% enfocado en la situación particular de su iglesia, y como yo soy su servidor, con gusto estoy de acuerdo. Sin embargo, si ellos están de acuerdo con mi plan general, comenzamos un programa de lectura. La mayoría está de acuerdo en leer un libro por mes, pero algunos quieren leer dos libros por mes. Les proporciono una lista de libros de grupos celulares que quiero que lean en el orden que les sugiero que los lean:

http://joelcomiskeygroup.com/articles/churchLeaders/cellreadinglistbibliography.htm

Incluso si el pastor ya ha leído el libro previamente, lo o la animo a leerlo de nuevo. Un pastor puede leer muy poco pero nunca leer demasiado.

Durante nuestras llamadas de entrenamiento, les haré las siguientes preguntas acerca del libro:

1. ¿Qué estaba tratando de decir el autor en el libro? *¿Un Mesías Alocado para una Iglesia Misionera.*Cuál era su objetivo al escribir el libro?
2. ¿Cúales son los puntos fuertes?

---

[56] Entrevista con Peter Wagner, Estrategias Para los Líderes de Hoy (tercer cuatrimestre, 2002), p. 8..

3. ¿Cuáles son los puntos débiles?
4. ¿Qué lecciones aprendiste? ¿Cómo has sido cambiado como resultado de leer el libro? ¿Qué harás de forma distinta ahora como resultado de leer el libro?

La mayoría están auto motivados, así que la lectura les da un perspicaz enfoque del ministerio de grupos celulares.

Más alla del conocimiento general de los libros, me agradan los pastores que conocen lo que enseño en mis seminarios celulares, así que les doy mis lecciones en Power Point. Le pido al pastor que vea una lección de Power Point antes de la llamada telefónica, y luego me tomo cinco minutos para responder a cualquier pregunta. No me llevo mucho tiempo en esto porque quiero pasar a las necesidades específicas del pastor, pero de nuevo, creo que es importante establecer una base de conocimiento.

2. CREAR UN CASO DE ESTUDIO DEL PASTOR Y LA IGLESIA

La frase "caso de estudio" se refiere simplemente a un documento que incluye todo lo que sabe acerca del pastor y la iglesia. Esta información puede llegar a través de observación, el sitio web de la iglesia, documentos que le envíe el pastor, o lo que escuche que diga el pastor durante el tiempo de entrenamiento. Irá añadiendo información a este caso de estudio a lo largo de todo el tiempo que entrene al pastor.

Si estoy hablando con el pastor por teléfono, tendré mi computadora abierta mientras hablamos. Tomo notas en el caso de estudio conforme el pastor está hablando. Depués de la sesión de entrenamiento, escribo lo que yo he aprendido.

El entrenador no puede hacer sugerencias juiciosas y asesorar sin tener información del entrenado. Conforme el entrenador analiza la iglesia, nuevas ideas le vendrán a la mente. Anote las preguntas que quiera hacerle al pastor antes de cada sesión de entrenamiento.

Al desarrollar el caso de estudio, tendrá comentarios continuos respecto a la vida y ministerio del líder al que esté entrenando. Algunos factores importantes son:

Quién es el Pastor

Yo le pregunto al pastor acerca de su familia, matrimonio y antecedentes. Mi meta es descubrir tanta información como sea posible. Si el pastor ha tomado el test de personalidad DIEC, Buscador de fortalezas, o cualquier otro test de personalidad, le pido que me envíe los resultados. Algunas veces recomiendo ciertos tests, como *ProScan*.[57]

Historial y Antecedentes de la Iglesia

Esto incluye cuando inició la iglesia, el número de pastores que han estado en servicio, la filosofía principal de la iglesia (p. ej. Enfocada en la Biblia, enfocada en la alabanza, etc.) algunos de los puntos altos y bajos de la historia de la iglesia, momentos de crecimiento y de descenso, y toda la información que el pastor pueda proporcionar para describir los antecedentes de la iglesia.

El Contexto Comunitario y Cultural

¿Qué tipo de etnicidad rodea a la iglesia y asiste a la iglesia? ¿Las personas son adinerdas o pobres, son transitorias o estables? Mucha de esta información puede obtenerse en internet. Por ejemplo, en los Estados Unidos, introduciendo mi código postal en la búsqueda de Google, encuentro más información de la que

---

[57] ProScan es un excelente análisis de la personalidad, ya sea que el líder esté en el ambiente y nivel de satisfacción adecuados o niveles de estrés. Para mayor información contacte a Debra Schottelkorb en viewthrulight@verizon.net.

podría necesitar acerca de la raza, ancestros, educación, ingresos, estatus social, población, estilo de vida y más. Puedo expandir mi búsqueda para incluir otros códigos postales de ciudades conectadas.

Si usted tiene la oportunidad de visitar la comunidad donde la iglesia se encuentra localizada, anote sus descubrimientos y experiencia.

Intentos en el Ministerio Celular

Cho dijo alguna vez que una persona tiene que fallar tres veces en el ministerio celular para llegar a hacerlo bien. Averigüe que esfuerzos se han hecho. Trate de descubrir por qué la iglesia ha fallado en sus intentos previos. Es importante para el entrenador saber qué es lo que ha hecho el pastor de forma equivocada para ayudarlo a evitar errores similares en el futuro.

3. Desarrolle un Plan de Acción Concreto de la Iglesia

Al hablar con el pastor y entender hacia dónde quiere dirigirse, anote cuál es su visión a futuro. Lo atletas de clase Mundial con frecuencia imaginan el momento final de sus eventos en sus mentes antes de que en realidad suceda. Pasan por el momento dos veces, primero en sus mentes – una manera perfecta de pensar a futuro, y despúes cuando realmente sucede. Y toman decisiones en el presente basadas en la realidad imaginada en su visión.

Con la información que haya recibido del pastor, imagine el estado final de la iglesia antes de que de hecho comience la transición o siembra. Tome nota de cómo es la situación en este momento y después de lo que el pastor sueña que será en el futuro.

Como entrenador, usted puede soñar hacia donde ver dirigido

al pator, pero finalmente el plan de acción concreto tiene que provenir del pastor mismo. Usted ayudará al pastor a trabajar a lo largo del plan, pero finalmente tiene que venir del corazón del pastor. De no ser así, será muy difícil lograr que el pastor haga algo que no se ha imaginado haciendo.

Si usted está entrenando a un pastor de una iglesia tradicional que quiere hacer la transición hacia una estrategia de grupo celulares, su plan involucrará como hacer la transición y las metas de la transición. Si está entrenando un sembrador de iglesias, los pasos a seguir serán muy diferentes. Demos un vistazo los diferentes escenarios.

Haciendo una Transición

Si el pastor se está preparando para hacer una transición en su iglesia, empiece con un plan para lanzar una célula piloto que dirija el pastor hará las cosas más fáciles. Después de que esta célula piloto se multiplique, planee hacer que el pastor líder entrene nuevos líderes. Bill Beckham dice: "El líder Sénior debe ser el modelo en la comunidad de la forma en la que el espera que los demás vivan. Si los líderes no tienen tiempo de convivir juntos en la vida celular, ¿cómo esperan que los miembros lo hagan?"[58]

Los errores cometidos en la etapa de prototipo se corrigen más fácilmente antes de que se propaguen a través de un sistema grupal. Los líderes clave son parte del proceso desde el principio, haciendo más factible que apoyen activamente el ministerio de un grupo pequeño. Si el grupo prototipo no practica el evangelismo, tampoco lo hará ningungo de los grupos resultantes. Si los líderes del grupo prototipo no son modelos de desarrollo de liderazgo,

---

[58] William A. Beckham, La Segunda Reforma (Houston, TX: Editorial Touch, 1995), p. 168.

tampoco lo serán ninguno de los grupos resultantes.[59]

Cuando un apasionado pastor líder inyecta vida en el primer grupo de personas, el sistema celular tiene probabilidades de empezar bien. Al hacer su plan para la transición, asegúrese de incluir:

• ¿A quién le pedirá el pastor que forme parte de la célula piloto? Antes de entrar a la celula modelo del pastor líder, todos los líderes potenciales deben ellos mismos comprometerse previo a liderar su propio grupo celular o ser parte de un nuevo equipo celular.
• ¿Cuánto tiempo durará el grupo celular? Yo recomiendo entre seis meses y un año.
• ¿Qué tipo de entrenamiento se llevará a cabo para aquellos que estén en el grupo piloto?
• ¿Cómo afectará la transición a la estructura de líderes existente (el consejo, los miembros con más antigüedad, etc.)?

Sembrando

El plan de acción en un iglesia de siembra será diferente. En mi libro, "Sembrar Iglesias que se Reproducen (Editorial CCS, 2009), entro en detalles en cada paso a seguir. En síntesis, usted guiará al entrenado a través de varias etapas de la siembra de la iglesia, pidiéndole al entrenado un programa para cada etapa.

---

[59] Dale Galloway comenzó su iglesia de grupo pequeño formando el grupo inicial que lideraba en su casa. Además de ese grupo inicial entrenaba líderes para los siguientes grupos quienes pasaron la visión al nuevo liderazgo. Incluso Jesús comenzó formando Su propia célula prototipo. Pasó años desarrollando el modelo. No había lugar para errores. David Cho fundó la iglesia más grande en la historia de la Cristiandad, pero aconseja a los nuevos pastores de células a empezar en pequeño: "Tomen a una docena de líderes clave y entrénelos como líderes de célula. Luego haga que formen sus priopias reuniones celulares en casa, y vigílelos cuidadosamente de seis a ocho meses. Una vez que este grupo de células ha comenzado a dar frutos, será tiempo de involucrar a la iglesia completa."

• **Desarrollo del Equipo de Oración.** Los sembradores de iglesias necesitan estar rodeados de oradores guerreros que puedan reanimarlos en tiempos de necesidad. Necesitan pedirle a la comunidad que se comprometan a orar de forma regular, no sólo orar esporádicamente.

• **Desarrollar Visión y Valores.** Aquí es donde yo, el entrenador, los ayudaré mediante lecturas, enseñanzas en powerpoint, etc. Creceremos juntos en nuestro entrenamiento en d filosofía de iglesia celular.

• **Desarrollo de "Pre Células".** Yo aliento a los sembradores de iglesias a reunir a posibles candidatos para el primer grupo celular creando pre - células. Una pareja de sembradores de iglesias por ejemplo, consideró ofrecer una clase de paternidad de corto plazo para aquellos que estaban en la comunidad. Otros han usado series como Alpha para atraer a nuevos recién llegados.

• **Desarrollar un Grupo Celular Piloto.** Aquí es donde la iglesia realmente comienza. Esta es la primera reunión de la iglesia, pero se lleva a cabo en una casa. Yo recomiendo tener unas cuantas parejas Cristianas, así como a aquellos que se hayan reunido previamente a través dela actividad pre celular.

• **Multiplicar el Grupo Piloto.** El cuándo la célula piloto de hecho se multiplica varía de seis meses a dos años. Antes de que el grupo piloto se pueda multiplicar, el pastor líder necesita entrenar a los que están en el grupo. Cuando el grupo piloto se multiplique el pastor líder entrena a los nuevos líderes celulares.

• **Empezar a Celebrar el Servicio.** Cuando hay aproximadamente tres grupos celulares semanales yo recomiendo una celebración de servicio mensual. Es preferible la tarde del domingo. Celebraciones de servicio más frecuentes se irán llevando a cabo conforme más células se multipliquen. Las reuniones sociales y reuniones de oración también siren como puntos de reunión en los días iniciales.

• **Continuar Construyendo Infraestructura.** Coforme las células se multipliquen, es esencial re afinar los ministerios entrenamiento, capacitación, multiplicación y oración.

• **Sembrar Nuevas Iglesias Celulares.** La meta de una iglesia no es sólo ser una iglesia, sino un moviento de Dios, expresado en un movimiento global de siembra de iglesias.

La Ruta del Entrenamiento y el Sistema de Atención

Una ruta de entrenamiento finalmente debe provenir del corazón del pastor y de la iglesia. Pero muchas iglesias, en el proceso de desarrollar sus propios materiales, usan materiales de otros. My libro, Explosión de Liderazgo, explica lo que es una ruta de equipamiento y los principios comunes de todas las rutas de entrenamiento. En el plan de acción, el entrenador, en conjunto con el pastor, tendrán la visión de la ruta de entrenamiento futura.

El sistema de atención involucra entrenar a los líderes. Las iglesias celulares opinan que cada líder celular necesita un entrenador. Algunas iglesias celulares posicionan a líderes basados en distritos, zonas y áreas geográficas de la ciudad. Otros supervisan a los líderes a través de departamentos homogéneos. El entrenador escribirá en el plan de acción la estructura de atención que será usada en el futuro.

Presupuesto

"Pon tu dinero donde está tu boca." Este conocido refrán se aplica a su iglesia celular. Si usted es una iglesia celular o está en transición para convertirse en una, su presupuesto deberá reflejar esta realidad. El presupuesto de la iglesia deberá reflejar lo que es importante para la iglesia. Si la iglesia celular es la base, la columna vertebral, esto se reflejará en el presupuesto. Por tanto, en la etapa de idear la visión futura de la iglesia, el pastor tiene la visión de lo que necesitará gastar en material y recursos de grupos celulares.

Metas de Fe para Nuevos Grupos Celulares

Una de las metas clave de las iglesias celulares es el número de grupos celulares al final del año. La meta de las nuevas células es en realidad una meta de cuántos nuevos líderes se están equipando y están siendo enviados como trabajadores de siembra. La estrategia celular se enfoca en erigir discípulos que a su vez erigirán discípulos y luego alcanzar el mundo. Dale Galloway escribió, "El concepto es que primero usted construya líderes. Los líderes construirán grupos. Fuera de estos grupos llegan más líderes y una multiplicación hacia más grupos."[60]

La meta del año es la metá más concreta, más globalmente realizable. Una meta de un año exige trabajo inmediato. No puede posponerse para otro día. Debe resolverse ahora mismo. Usted determinará la meta celular anual al trabajar con el pastor para averiguar el estado de las células existentes, cómo está funcionando la ruta de entrenamiento y si los líderes están siendo atendidos. La salud general de la iglesia también debe ser evaluada.

4. Llevar a Cabo el Plan de Acción: Entrenamiento Continuo

Una vez que el plan de acción ha sido completado, el trabajo del entrenador es ayudar al entrenado a realizar sus objetivos.

Si el pastor desea cambiar el plan de acción o hacer su propio plan, el entrenador siempre está listo a servir y a poner al pastor en el

---

[60] Dale Galloway, Visión 20-20 (Portland, OR: Casa Editorial Scott , 1986), p. 155.

asiento del conductor. El pastor está a cargo, no el entrenador. El entrenador está ahí para servir y apoyar al éxito del pastor en su plan. El entrenador simplemente va a su lado y ayuda al pastor a llegar a ese puerto anhelado.

Yo entrené una iglesia que estaba completamente comprometida a un plan de acción en particular. Tanto el pastor líder como el campeón celular estaban dirgiéndolo con la visión, pero la esposa del pastor llegó a ser un importante obstáculo en el proceso, y pasamos por ajustes importantes. El hecho es que no todos los planes de acción llegarán a realizarse en su totalidad. Las personas siguen adelante, el personal pastoral cambia de iglesia, y algunos pastores se dan cuenta de que sus metas eran demasiado altas. Algunos pastores tienen que lidiar con confllictos personales, como crisis familiares. Recuerde que el rol primario del entrenador es servir al pastor, no la realización total del plan de acción.

Hacia el final del entrenamiento con el pastor, daré una asesoría más enfocada en lo más importante y afinaré detalles. En este momento el programa va contra reloj. La línea final está cerca. El final está a la vista. El proceso de entrenamiento puede hacerse más intenso conforme nos acercamos al momento final acordado.

5. ENTRENANDO A ALGUIÉN MÁS

Si el entrenar llega a ser un movimiento, no debe detenerse en una sola generación de entrenamiento. Debe pasar de entrenador a entrenado, para que el entrenado se convierta en el entrenador de nuevos líderes.

Yo entrené a Jeff Tunnell y su personal pastoral. Jeff definitivamente un entrenado LDE: Leal, Disponible, Educable. Escuchaba bien, hacía preguntas, y practicaba lo que aprendíe en nuestro momento de entrenamiento. Hacia el final de nuestro tiempo de entrenamiento juntos, le recomendé a otro pastor a

Jeff, que necesitaba ayuda en su jornada celular. Y justo como lo pensé, Jeff resultó ser un excelente entrenador.

Cuando un pastor da, aprende mucho más. Este es uno de los beneficios clave de entrenar a alguien más. Cuando una persona dispersa el conocimiento, se gana más. El conocimiento que se queda para uno mismo se vuelve como agua estancada. Es como el Mar Muerto que no tiene a donde ir. Entrenar beneficia al entrenador. El entrenado aprenderá mucho más cuando pueda entrenar a alguien más.

Usted Puede Entrenar

Hemos titulado este libro Usted Puede Entrenar porque creemos que es verdad. Usted puede entrenar. Entrenar no requiere un título, un talento especial, personalidad única, o un don espiritual en particular.

Creemos, de hecho, que Dios quiere que el entrenar se convierta en un movimiento. Anhelamos ver el día en el que cada pastor tenga un entrenador y que al ser su turno entrene a alguien más.

Creemos que simples principios atemporales, son la mejor base para entrenar a los pastores. Hemos tratado de compartir con usted lo que hemos aprendido. Ahora es el momento de responder.

Con frecuencia la parte más difícil es dar el primer paso y expresar su voluntad de entrenar a alguien más. Le animamos a dar el primer paso, contactar a ese pastor, o ponerse a disposición de su líder. Haga lo que sea necesario para aplicar os conceptos de este libro mientras aún estan frescos en su mente. Como usted depende de Dios para que obre a través de usted al entrenar, Él le dará sabiduría e ideas como nunca lo ha soñado, y Él hará de usted un gran entrenador durante el proceso.

APÉNDICE 1: EVALUACIÓN DEL ENTRENAMIENTO DE COMISKEY

Yo le pido a los pastores que estoy entrenando que me evalúen cuatro veces al año. Hago rotación entre evaluaciones orales, personales y anónimas. Por tanto, un ciclo de un año para un grupo de pastores que esté entrenando se vería de la siguiente forma:

• Fines de Marzo: evaluaciones orales / personales
• Fines de Junio: evaluaciones anónimas
• Fines de Septiembre: evaluaciones orales / personales
• Fines de Diciembre: evaluacione anónimas

EVALUACIÓN ORAL / PERSONAL

Durante las evaluaciones personales, le preguntaré de forma individual a cada pastor lo que el o ella piensa de mi entrenamiento. Le pediré que me de sugerencias y retroalimentación. No uso un formato en particular porque es más bien una entrevista espontánea. Simplemente escucho y anoto lo que el entrenado dice. Esta información es invaluable, y me ayuda a mejorar mi entrenamiento.

EVALUACIÓN ANÓNIMA

Envío estas evaluaciones como archivo adjunto via email y le digo a cada pastor que la complete sin su nombre. Después le pido al entrenado que la devuelva ya completada a un secretario, administrador o amigo (alguien aparte de mí mismo).

Esta persona "administrativa" recibirá las evaluaciones y me enviará un resumen de lo que los entrenados han escrito. Pienso que el proceso funciona mejor via email, pero usted podría preferir hacer que los entrenados la envíen vía correo postal.

La razón por la que uso las evaluaciones anónimas es porque algunas veces el entrenado podría no compartir todo en una entrevista personal. Algunos entrenados están más dispuestos a compartir cómo se sienten bajo el anonimato.

Puesto que mi meta es mejorar mi entrenamiento, quiero asegurarme de que recibo todas las sugerencia que los entrenados tengan para dar.

EL FORMATO QUE UTILIZO PARA LAS EVALUACIONES ANÓNIMAS

Usted tendrá que adaptar esta forma a su situación particular. Por ejemplo, no todos los pastores que entreno vienen a mi casa para el entrenamiento. Por lo tanto, les envío un formato ligeramente adaptado a quiene no vienen a mi casa.

Quiero esforzarme para ofrecer un entrenamiento eficaz. Usted puede ayudarme proporcionando sus comentarios y retroalimentación. Por favor complete las siguientes preguntas y envíemelas de vuelta. Su retroalimentación será usada para ayudarme a prepararme para nuestra próxima reunión.

Fecha _____

	Excelente	Muy Bien	Bien	Adecuado	Pobre
1. Por favor califique la experencia completa de entrenamiento	5	4	3	2	1
• Comentarios					
2. Califique los momentos de llamadas telefónicas	5	4	3	2	1
• Comentarios					
3. Califique el contacto vía email	5	4	3	2	1

• Comentarios

4. Por favor enliste las habilidades, técnicas o información más útiles que usted aprendió.

5. ¿Qué recomendación tiene para hacer más eficaz mi entrenamiento? (por favor use el anverso, si es necesario)

¡DÍGAME MÁS!

Si desea compartir cualquier reatroalimentación, o cualquier comentario, por favor hágalo en el reverso

APÉNDICE 2: ACUERDO DE ENTRENAMIENTO DE BEN WONG

PRIORIZANDO PRINCIPIOS

1. No hay control y no hay gloria - el propósito no es controlar a la iglesia que será entrenada. El rol es únicamente servir, y la relación debe estar basada en el honor y no en el control. Ayudar a otra iglesia no implica ninguna autoridad o control hacia la iglesia a la cual se le brinda la ayuda. La iglesia a la que se ayuda no pasa al control o supervisión de la iglesia que la esté ayudando. Nadie deberá tener la gloria más que Dios mismo.

2. Esta es una parte del ministerio de CCMN. Somos una red de iglesias celulares que entrenamos iglesias para que se conviertan en iglesias celulares. Cuando hablamos de iglesias celulares, no tenemos una imagen de con cúantas células una iglesia de casa se convierte en una iglesia celular. No estamos hablando de una mega iglesia.

3. La relación está basada en el amor y atención a la iglesia que está siendo desarrollada. La iglesia que brinda la ayuda NO espera nada a cambio. Ayudar a otro es un acto de dar, un acto de amor en el nombre de Jesús. No se espera nada a cambio las únicas obligaciones son:

1. Estar agradecido por la ayuda

2. Estar ansioso y dispuesto a ayudar a otra iglesia que lo necesite en el futuro.

4. La relación está basada en el consentimiento de ambas partes. Aún cuando usted necesita la ayuda, yo no puedo ayudarle a menos que usted reconozca su situación y esté de acuerdo en recibir ayuda. Ambas partes deben participar activamente y ---- para que la asociación sea exitosa.

5. La iglesia que está siendo entrenada debe estar dispuesta y lista a cambiar. Este cambio puede involucrar no sólo la manera de hacer las cosas, sino también la vida de los líderes, especialmete la vida del pastor.

6. No hay obligaciones financieras para ninguna de las partes. No hay obligación financiera de ayudar a la iglesia que será entrenada. Y la iglesia que será entrenada no tiene ninguna obligación de financiar ninguna de las visitas de la iglesia mentora. La relación es completamene voluntaria, y la iglesia mentora deberá estar lista para costear el viaje y alojamiento. Cualquier transacción financiera deberá ser voluntaria. La iglesia que será entrenada puede que quiera dar algo para los gastos de la iglesia mentora si siente que Dios le guía a hacerlo, pero no debe sentirse obligada.

Si basamos toda esta relación en el corazón servicial de Jesús, podremos hacer todo muy sencillo − comida y alojamiento - y evitar gastar demasiado dinero por el deseo de ser hospitalario, lo cual es una costumbre japonesa.

PROPUESTAS BÁSICAS (QUÉ INVOLUCRA LA RELACIÓN DE ENTRENAMIENTO)

1. El compromiso incial de entrenamiento es de un año y no deberá durar más de tres años.

2. El entrenamiento es para ayudar a desarrollar un Modelo de Célula indígena para la iglesia local (la iglesia modelo mentora puede ser un ejemplo del cual tomar ideas, pero no debemos imponer un modelo a la iglesia local, sino ayudar a la iglesia local a encontrar su propio modelo).

3. La clave es la Vida − la vida es lo que traerá el crecimiento. Ayude a desarrollar un modelo edificador de vida, incluyendo "dirigir campamentos que cambian la vida", construyendo

relaciones que disciplinan, y estructuras dentro de la iglesia (responsabilidad y edificamiento de la vida), edificar atmósferas importantes en la iglesia, etc. Mucho de esto incluye el cambio de vida de los líderes, especialmente del pastor.

4. Inculcar (o infusión de) nueva vida en el pastor, ayudándolo a ver que su vida puede ser distinta. Esto incluirá: mantener viva la llama, vivir con fe en Dios, ser valiente y arrojado, convertirse en una mentalidad de guerrero para Dios más que una mentalidad escolar que ha sido formada por el seminario, vivir la inspiración más que la institución, ser cercano a los miembros de la iglesia, construir relaciones, ser más divertido, etc. La mayoría de los pastores son introvertidos porque están acostumbrados al modelo del seminario de preparar las cosas en la oficina. El ministerio de Jesús está más afuera que dentro del edificio. Jesús entrenó a las personas afuera y no dentro del edificio. Ayude al pastor a ser un pastor de la ciudad más que un pastor en la ciudad.

5. Oración extraordinaria por la iglesia que será entrenada. Esto debe incluir oración enfocada intensa. Esta oración debe estar basada en necesidades específicas, así que la iglesia local necesita ser diligente al comunicar sus necesidades a la iglesia mentora.

6. Movilización de trabajadores: hermanos y hermanas de la iglesia mentora podrían ser movilizados para hacer viajes de misión a la iglesia que está siendo entrenada para lograr progresos estratégicos en la iglesia. Esto podría ser en forma de oleadas a corto plazo de eqipos trabajando juntos con hermanos y hermanas locales. Los equipos pueden venir a ayudar con el entrenamiento, evangelismo, campamentos, etc. Una iglesia entera ayudando a otra iglesia entera.

7. Compromiso de entrenamiento: Ben tendrá como propósito venir cuatro veces el primer año, y la iglesia mentora deberá tener como propósito reunirse con la iglesia que será entrenada

por lo menos dos veces al mes para construir la relación, entrenar
y ayudar.

8. La iglesia que será entrenada puede visitar a la iglesia mentora
para observar como ellos lo están haciendo, y tomar ideas, y
captar la vida de la iglesia de ahí.

9. La iglesias deberán estar comprometidas a hacer redes con
regularidad con otras iglesias celulares saludables en Kansai para
que puedan aprender unas de otras y juntos lograr el ministerio
del Reino.

10. La iglesia que será entrenada deberá planear el ayudar a otras
iglesias necesitadas en la misma región. La reproducción es el
requisito

INDICE

D

Dale Galloway 174, 177

dar 22, 36, 42, 47, 48, 51, 58, 63, 64, 72, 73, 74, 77, 81, 100, 106, 107, 112, 116, 123, 131, 146, 148, 149, 152, 153, 155, 158, 161, 163, 167, 174, 179, 182, 185, 186

Darrow L. Miller 10

David Yonggi Cho 97

desarrollo de liderazgo 46, 173,

DIEC 46, 47, 48, 171

disciplinas 45, 46, 70

E

Eiichi Hamasaki 11

enseñar 10, 25, 26, 35, 42, 47, 64, 65, 67, 74, 99, 126, 131, 140, 143,

Entrenador Maestro 42, 49, 59, 123, 124, 126,

entrenamiento 7, 8, 9, 10, 11, 12, 13, 14, 21, 22, 23, 24, 25, 26, 30, 31, 32, 33, 34, 35, 37, 38, 39, 41, 42, 43, 44, 45, 46, 46, 47, 48, 51, 52, 53, 54, 57, 59, 60, 61, 63, 64, 65, 66, 67, 68, 69, 70, 71, 72, 74, 75, 76, 77, 78, 80, 81, 82, 84, 85, 86, 88, 89, 91, 92, 94, 95, 96, 97, 98, 99, 100, 101, 102, 103, 105, 106, 107, 108, 109, 110, 111, 112, 113, 114, 115, 116, 118, 121, 122, 123, 126, 132, 134, 135, 136, 137, 144, 149, 150, 151, 154, 155, 167, 168, 169, 170, 174, 175, 176, 177, 178, 181, 182, 186, 187

Entrenamiento basado en la amistad 95, 96

Entrenamiento Basado en Sueños 57, 59, 61, 131

Entrenamiento Líder Formador de Vidas 8, 23, 46, 58, 132, 136

Eric Watt 10

escucha 22, 49, 52, 64, 67, 68, 71, 74

escuchar 24, 25, 34, 40, 49, 50, 54, 55, 63, 65, 69, 70, 79, 1 2 2 , 130, 131, 158

escuchar activamente 49, 50, 51, 53

esencias 79, 139, 140, 141, 143, 144, 147, 160, 166,

estadísticas 40, 101,

estructura adaptable 165

J
Japón 11, 14, 22, 85, 94, 108, 109, 110, 111, 112, 114, 115, 119, 149, 151, 164,
Jean-Marc Terrel 11,
Joel Comiskey 12, 23, 25, 63, 72, 95, 167, 181, joelcomiskeygroup.com 169
John Maxwell 58, 87
John Wooden 21
Joseph Umidi 8, 132

K
Kansai 108, 109, 110, 111, 113, 188
Kanto 110, 111
Karen Hurston 97
Kevin Wood 74

L
Larry Kreider 12

M
Malasia 29
Malcolm 89
matrimonio 14, 38, 81, 82, 86, 87, 91, 112, 132,
Mega-iglesias 92, 93,
mezcla de dones 48
Michael Frost 157, 158
Michael Mackerell 9
ministerio celular 69, 101, 172
misionero 10, 23, 31, 74
modelos 10, 35, 126, 132, 138, 139, 140, 141, 165, 166, 173
motivación 9, 36, 44, 47, 67, 85, 86, 87, 88, 103, 106, 118, 133,
motivar 10, 63, 65, 68, 70, 87
Movilización 187
multiplicación 93, 153, 159, 176, 177,

N
Navegantes 29
Norte América 22
Nuevo Testamento 79, 139, 144, 145, 147, 150, 159

O
Oystein Gjerme 11

P
pasión 8, 9, 23, 26, 34, 60, 86
pastores comunes 105, 106, 114, 116, 119
pastores solitarios 27, 40, 45, 114, 116
perfil de personalidad 48
personalidad 47, 48, 65, 68, 69, 75, 171, 179,
preguntas 10, 24, 42, 43, 47, 49, 52, 54, 58, 59, 60, 64, 65, 67, 68,
69, 70, 74, 95, 130, 131, 139, 169, 171
preguntas abiertas 50, 52, 53, 54, 125, 131
preguntas poderosas 24, 25, 42, 45, 52, 53, 54, 55, 61, 63, 64, 131
Presidente Sali Berisha 41
principios 7, 9, 10, 11, 12, 21, 22, 23, 25, 26, 28, 43, 58, 64, 70, 77,
95, 109, 110, 138, 139, 140, 141, 143, 168, 176, 179, 185

R
Ralph W. Neighbour, Jr 7
recursos 23, 24, 26, 67, 78, 88, 89, 137, 139, 156, 177
red 9, 22, 23, 25, 35, 36, 37, 78, 79, 80, 82, 84, 85, 88, 89, 94, 110,
116, 163, 188
red de entrenamiento 11, 22, 108, 109, 111, 112, 113, 114, 115,
116, 118, 119, 144, 149, 150, 151, 154, 163,
Red de Misiones de Células de la Iglesia 24, 116, 185,
Reinhard Bonn 130
relación 24, 38, 42, 44, 47, 48, 51, 52, 53, 72, 78, 84, 86, 88, 96, 97,
98, 99, 100, 104, 111, 112, 118, 121, 135, 143, 144, 145, 147, 149,
153, 160, 185, 186, 188
relaciones 11, 14, 22, 29, 81, 82, 83, 84, 97, 128, 142, 143, 146,

Made in the USA
Charleston, SC
07 April 2016